El secreto tolteca

books4pocket

Sergio Magaña

El secreto
tolteca

Prácticas ancestrales para comprender
el poder de los sueños

URANO
Argentina - Chile - Colombia - España
Estados Unidos - México - Perú - Uruguay

1ª edición en **books4pocket** marzo 2019

Impreso por Novoprint, S.A. – Energía 53 – Sant Andreu de la Barca (Barcelona)

Fotocomposición: Ediciones Urano, S.A.U.

ISBN: 978-84-16622-42-9
E-ISBN: 978-84-9944-846-6
Depósito legal: B-1.460-2019

Código Bic: VXW
Código Bisac: OCC012000

Impreso en España – *Printed in Spain*

Índice

Prólogo

La cosmovisión náhuatl-mexica como pilar fundamental del legado cultural inmaterial

El conocimiento de la naturaleza, la tradición histórica y el centro del mundo náhuatl no provienen de una sola fuente. La visión náhuatl, así como la tolteca que la precedió, es una parte fundamental de la esencia o energía de Quetzalcóatl y Tezcatlipoca, uno rige el estado de vigilia y el otro, los sueños. El mundo de los náhuatl y los toltecas no es siempre el mismo, no permanece estático, sino que su universo se transforma y cambia con el paso del tiempo.

Esta visión cosmológica representa en su conjunto una explicación, un intento de interpretar el universo que ofrece un resultado complejo y cambiante sobre una dialéctica, una lucha de fuerzas. Es un mundo que saben que está destinado a desaparecer, efímero, incierto para todos, ya que lo único seguro que hay en esta vida es la muerte. Un mundo rodeado de misterios que intentan desvelar por medio de las posibilidades, la reflexión personal y las circunstancias, de una forma tremendamente original.

Este mundo se caracteriza por la amenaza de la muerte, pero también nos ofrece esperanzas y unas posibilidades que se reflejan en los niveles de su cosmovisión: los seres humanos podemos ir al «Tolpan», un mundo lleno de fertilidad, vida y movimiento.

Los náhuatl y los tolteca como tantos otros pueblos chamánicos, fueron y siguen siendo conocedores e intérpretes de los sueños, y recurren a las plantas psicoactivas y al alcohol para comunicarse con lo sagrado y realizar prácticas curativas y adivinatorias que les lleven al Tolpan. La labor curativa de los chamanes sirve para entender cómo las dolencias afectan al espíritu, lo cual según la mente indígena actúa sobre la naturaleza psicosomática de las enfermedades. La mayoría de las enfermedades, tal como reconocen muchos médicos, son psicosomáticas. Por lo tanto para entender cualquier sistema médico es necesario conocer su contexto cultural, su cosmovisión y sus ideas sobre el cuerpo humano, así como los conceptos sobre la salud y la enfermedad y las prácticas curativas. Cada cultura tiene su propio sufrimiento y sus terapias pertinentes. Por ejemplo, un occidental no enferma de confusión ni se le diagnostica lo que los chamanes llaman «espanto», una enfermedad causada por un gran susto en la que uno pierde parte de su energía al ser atacado por una araña o en un sueño. Y tampoco se cura mediante fórmulas mágicas, incienso ni plegarias, métodos que a los huicholes, los mayas y los otomíes les funcionan. Para los occidentales no son más que placebos y no consideran que reflejen las causas psicosomáticas de la enfermedad, como sí ocurre con la visión más profunda de las civilizaciones antiguas, visión que este libro capta de maravilla.

DON JOSÉ OSUNA EXPÓSITO
Presidente del Club Unesco para la
Protección del Patrimonio Inmaterial
de las Civilizaciones Antiguas

Introducción

Mi nombre es Sergio Magaña y nací en México, una tierra donde los sueños y las prácticas perceptivas ancestrales han sido secretos durante siglos, si bien ahora se están empezando a revelar. Mi misión en la vida es difundir este conocimiento secreto por el mundo. Pero es imposible entender esta misión sin tener en cuenta el país de México, un país cuyo destino se escribió con la sangre de los indígenas que murieron en él hace 500 años.

En la historia oficial del siglo XVI de la conquista de México, la que los mexicanos aprenden en el colegio, Moctezuma II, el *tlatoani*, portavoz y gobernador de los aztecas,[1] fue un traidor que se rindió a los conquistadores españoles sin luchar y que fue asesinado por ellos. Sin embargo, la tradición oral de México cuenta una versión distinta en la que el mundo de los sueños es fundamental.

Según esta tradición, Moctezuma II era un maestro en el arte de los sueños y las profecías, como se esperaba de cualquier gobernador y guerrero en aquel tiempo, y en un sueño lúcido y profético vio el futuro de México. Sabía que el país sería conquistado, que habría una gran mezcla de razas y que él no podría hacer nada al respecto. Fue el sueño del Centeotl, el principio creativo del universo. Así es que decidió dar su tierra a los nuevos propietarios sin luchar, para evitar el sufrimiento y el derramamiento de sangre.

Sin embargo, otra historia, también propagada por la tradición oral, afirma que Cuitláhuac, sucesor directo en la línea de sangre del trono del *tlatoani*, se negó a obedecer la orden de rendición y ordenó secretamente el asesinato de Moctezuma II. En su calidad de *tlatoani*, ordenó más tarde a los mexicas y a sus aliados que atacaran. Hubo una sola batalla, la Noche Triste, en la que los conquistadores y sus aliados nativos sufrieron una derrota aplastante, y Hernán Cortés, al mando del ejército español, se vio obligado a retirarse de Tenochtitlán, conocido ahora como Ciudad de México. Se dice que Hernán Cortés se sentó bajo un árbol y lloró por la derrota.

Pero el sueño profético de Moctezuma II estaba destinado a cumplirse. Los españoles estaban infectados de viruela, una enfermedad inexistente en México en aquel tiempo, y muchos de sus cadáveres cayeron a la laguna que rodeaba Tenochtitlán. Los guerreros aztecas se lavaron sus heridas en ella y se contagiaron con la enfermedad. Cuitláhuac fue el primero en morir. Puesto que le habían seguido todos sus hombres, ahora los aztecas estaban indefensos y ya no quedaban más guerreros que pudieran salvar a México de su destino.

Tenochtitlán quedó en manos de Cuauhtémoc, un *tlatoani* joven, mientras los españoles y sus aliados se reagrupaban y volvían con un nuevo ejército. Tras presenciar cómo se cumplía el sueño de su predecesor, Cuauthémoc no se dedicó en aquel intervalo a defenderse, sino a esconder el tesoro de México. Los códices antiguos y una cantidad inmensa de piedras sagradas fueron enterrados en varios lugares, como Tula y Teotihuacán. Muchos de esos tesoros todavía no se han encontrado, pero según la tradición algunos saldrán a la luz pronto y entonces se sabrá la verdadera historia.

El 12 de agosto de 1521, poco antes de la caída de Tenochtitlán, defendida a esas alturas sobre todo por mujeres y niños, el joven Cuauhtémoc pronunció una consigna a los cuatro vientos para que se propagara por todo el imperio, un mensaje lleno de poesía y verdades.[2] Se ha conservado en la tradición oral y en la actualidad cuenta con siete versiones distintas, todas muy parecidas, como la que se escribió en castellano en el Templo Mayor, el templo antiguo de los aztecas. Citaré solo un pequeño fragmento de la consigna, a la que el mundo está ahora reaccionando:

Nuestro sol se ha ocultado.
Es una noche triste para Tenochtitlán, Texcoco, Tlatelolco.[3]
La luna y las estrellas están ganando esta batalla,
dejándonos en la oscuridad y la desesperación.
Encerrémonos en nuestras casas,
dejemos desiertas las calles y los mercados,
ocultemos en el fondo del corazón nuestro amor por los
códices, el juego de pelota, las danzas, los templos,
conservemos en secreto la sabiduría que con tanto amor
nos enseñaron nuestros honorables abuelos,
y este conocimiento se transmitirá de padres a hijos, de
maestros a discípulos,
hasta la llegada del Sexto Sol,

momento en que los nuevos hombres sabios lo recupe-
rarán y salvarán México.

Entretanto, dancemos y recordemos la gloria de Teno-
chitlán,

el lugar donde el viento sopla con fuerza.

Es una versión resumida de aquella consigan, escrita con la sangre de la derrota de México. El conocimiento de la tradición se fue transmitiendo de padres a hijos y de maestros a discípulos, y ahora es el periodo de la llegada del Sexto Sol, el momento en que esta tradición ancestral está resurgiendo gracias a los mexicas, los hombres y mujeres sabios que la siguen.

Ser mexica no tiene por qué significar haber nacido en México. En la actualidad hay muchos mexicas de países extranjeros que están despertando al poder de los sueños. Yo he tenido el honor de formar a algunos en la tradición.

Los mexicas dicen: «El que no recuerda sus sueños está muerto en vida, porque no puede controlar su vida cuando está despierto». La primera vez que lo oí me ofendí. En aquella época todavía no había practicado los sueños floridos, el nombre con el que se conocen los sueños lúcidos en la tradición antigua. Pero más tarde, cuando empecé a desarrollarlos, comprobé que era una gran verdad.

Hoy día, según mi propia experiencia, les aseguro que no somos lo que comemos ni lo que pensamos, sino lo que soñamos. Como es natural, lo que comemos y pensamos constituye una parte esencial de nuestra vida, pero lo que la mayoría no entendemos es que lo que *soñamos* es lo que determina lo que comemos y pensamos y quiénes somos.

Y, sin embargo, nuestra forma de hablar refleja esta verdad antigua. Cualquier idioma tiene expresiones como «la mujer de mis sueños», «el trabajo con el que siempre soñé», «la vida con la que siempre había soñado», etc., que nos demuestran que las personas de antaño del mundo entero sabían perfectamente que primero soñamos algo y después lo vivimos.

En una ocasión me hundí en una depresión muy profunda y fue gracias a los sueños que me curé de forma asombrosa. A partir de entonces nunca he dudado de que los sueños son el medio más eficaz para transformarnos.

Pero eso no es todo. Durante miles de años muchos pueblos han experimentado con el mundo de los sueños y las prácticas perceptivas y han obtenido resultados sorprendentes. Este es el conocimiento que compartiré con ustedes en este libro, la información sobre una de las tradiciones más antiguas de México y los resultados increíbles que está dando a los que ahora la siguen.

También relataré las experiencias personales que viví con mis maestros, y espero que esto ayude a los que sienten curiosidad por los sueños y a los que ya han oído la llamada de su mente soñadora y del Sexto Sol y deseen emprender el camino del guerrero de los sueños.

1 (CE)

Mis huellas en la Tierra

Según la cosmovisión de los mexicanos antiguos, el cosmos era como una flor. Basándonos en esta visión, narramos la historia de nuestra vida de distinta forma. Sabemos que mucho antes de nacer nuestra flor se empezó a formar en la energía del universo, preparándose para manifestarse en este tiempo y espacio.

En el pétalo norte de la flor reside la energía de nuestra alma, nuestra *teyolia* en náhuatl, la antigua lengua prehispánica de México, y esa energía es la que crea las huellas que hemos ido dejando a lo largo de nuestros numerosos viajes entre la vida y la muerte. En el pétalo norte también se alberga la energía de nuestros antepasados, nuestro linaje. Esta determina en quién nos convertiremos, ya que crea lo que llamamos «huellas azules» en nuestro huevo energético o aura, nuestro campo de energía que se acaba transformando en la persona que ahora somos. Por ese motivo la historia de mi vida no tendría sentido si no les contara la historia de algunos de mis antepasados.

MIS HUELLAS AZULES: LA HISTORIA DE MIS ANTEPASADOS

Mi abuela Josefina

Aunque no tuve una relación muy estrecha con ella cuando vivía, mi abuela Josefina se ha convertido ahora en la principal influencia en mi vida.

Nació en México a principios del siglo xx en una familia con un gran poder político y económico. El segundo marido con el que su madre se casó era el tío del primer presidente revolucionario: Francisco Ignacio Madero.[1]

Todos tenemos un mentor de los sueños, pero no solemos reconocerlo hasta mucho tiempo después. La mentora de mi abuela era su madrina. En aquella época todos los descendientes de las familias europeas acaudaladas tenían sirvientes, la mayoría de los cuales eran indígenas que habían perdido sus tierras al arrebatárselas los primeros colonizadores. A la madrina de mi abuela le sucedió lo mismo. Se apropiaron de sus tierras y acabó siendo una sirvienta, pero se convirtió en la mentora de mi abuela y le enseñó el arte de los sueños, la adivinación y la magia.

Cuando mi abuela era muy joven su madrina le profetizó que se casaría con un hombre que llegaría del mar. En aquel tiempo, las familias ricas concertaban matrimonios entre ellas para evitar mezclarse con las menos afortunadas o con aquellos que consideraban inferiores, y la madre de mi abuela había apalabrado su casamiento con el hijo menor de uno de los terratenientes más importantes de San Luis Potosí.[2] Por eso creyó que su madrina se había equivocado en su profecía.

Pese a haber nacido en Ciudad de México, después de contraer matrimonio mi abuela tuvo que ir a vivir a una hacienda, un episodio que la marcaría para toda la vida. A partir de entonces descubrió las injusticias perpetradas a los indígenas de México, como las que tenían lugar en las «tiendas de la empresa» del hacendado. Los jornaleros recibían un salario de tres pesos, pero como para sobrevivir debían gastar cuatro o cinco en esas mismas tiendas, siempre estaban en deuda con el patrón. Y cuando morían, sus hijos heredaban las deudas y se veían obligados a trabajar en una especie de esclavitud encubierta.[3]

Mi abuela también presenció los maltratos brutales sufridos por los trabajadores, a las mujeres que iban a dar a luz atadas a un poste, poniendo su vida en peligro, mientras los terratenientes se bañaban en champán con sus queridas.

Las injusticias de aquellos días siguen perdurando en las huellas de todos los mexicanos y la violencia que ahora estamos sufriendo como nación es el precio que estamos pagando por ellas.

En la hacienda fue donde mi abuela sintió el acuciante deseo que sigue vivo en mí de defender a los indígenas y a los pobres.

En aquel tiempo, el hijo menor de la familia recibía un trato muy distinto del que gozaba el primogénito, el cual heredaba las tierras, el dinero y las propiedades. El esposo de mi abuela se topó con esa penosa situación y se convirtió en un alcohólico. Le hacía la vida imposible a mi abuela y ella decidió obtener el divorcio. En aquella época las familias eran muy conservadoras, sobre todo en San Luis Potosí, y el divorcio era impensable. Con todo, mi abuela fue una de las primeras mujeres divorciadas de México. Su madre se quedó tan horrorizada que mandó a un grupo de soldados para que la echaran a la fuerza de la hacienda.

Pero como he mencionado antes, mi abuela tenía muy buenos contactos y al cabo de poco empezó a trabajar como activista social en el gobierno del presidente Lázaro Cárdenas. Al mismo tiempo también entabló una estrecha amistad con el hermano del hombre que acabaría siendo el siguiente presidente de México, Manuel Ávila Camacho.

Maximino, el amigo de mi abuela, del que se decía que era uno de los hombres más poderosos de México, ansiaba suceder a su hermano como presidente del país. Como conocía los dotes mágicos y proféticos de mi abuela, la iba a ver a menudo para pedirle consejo.

Mi abuela tuvo un sueño profético. Nunca olvidaré la forma en que me lo contó. En su sueño vio al presidente entregándole la faja presidencial a su hermano Maximino, y a este yéndose muy contento, pero los dos vestían de negro y Maximino se fue en dirección al mundo de los muertos. Mi abuela supo al instante que su gran amigo moriría pronto.

Horrorizada, consultó el otro arte adivinatorio que conocía: la baraja española. Las cartas se lo confirmaron. Pero cuando se lo contó a Maximino, él se lo tomó como una profecía de su victoria inminente en la lucha presidencial por el poder.

A las dos semanas murió en unas circunstancias sumamente extrañas y mi abuela se sintió muy culpable. Se juró a sí misma no volver a recurrir nunca más a los sueños proféticos ni a la baraja española, y se refugió en la fe cristiana en busca de consuelo. Mantuvo su palabra hasta el día de su muerte, y estuvo defendiendo y ayudando a los pobres y practicando el catolicismo hasta el final. De nuevo, como ocurrió en la conquista de México, el dios cristiano triunfó sobre la tradición antigua del nagualismo y del poder de los sueños.

Pero mi abuela me dio una gran lección, porque en aquel sueño me reveló algo que mis maestros me enseñarían más tarde: el poder del mundo de los sueños. Ella también me transmitió el amor inmenso que sentía por la sabiduría de los pueblos indígenas de México y me enseñó otra lección muy importante: no permitas nunca que el miedo te aparte del camino de ser un maestro de los sueños.

Muchos años después, tras haber escrito varios libros e iniciado a muchas personas en las tradiciones del México antiguo, empecé a realizar con grupos de extranjeros viajes iniciáticos a las sabidurías tolteca y mexica. Los inicié en una de las fechas poderosas del calendario azteca: el 2 de febrero. Ese día presenté en una ceremonia la semilla que sembraría en año nuevo, el 12 de marzo, a las flores, las direcciones, los cielos y la Tierra. Así no solo tendría un significado agrícola, sino también uno espiritual: representaría la semilla de una vida nueva.

Durante tres años estuve viendo a mi madre llorar ese día y siempre creí que era porque se emocionaba mucho durante las ceremonias que realizábamos en el recinto del Templo Mayor, el templo principal de los aztecas. Pero un día le pregunté: «¿Por qué lloras?». Ella me respondió algo que yo había olvidado: «Hoy es el cumpleaños de tu abuela». Y añadió: «Cada vez que llega este día, hablo con ella y le digo: «Aquí tienes a tu nieto haciendo lo que tú querías hacer: celebrando y conmemorando la sabiduría del México antiguo».

Mi abuela Josefina, y mi abuelo Miguel

En la actualidad, cada vez que visito en mi práctica de sueños el Mictlan, la tierra de los muertos, mi abuela se aparece y me da consejos. Ahora que ha fallecido mantengo una relación más estrecha con ella que cuando vivía.

Mi abuelo Miguel

Mi abuelo, hijo de un noble español, nació en Valencia (España), donde estudió medicina. Pero mientras estaba terminando los estudios estalló la guerra civil española. Su padre, tras casarse con una campesina, fue desheredado por su propia familia, pero todavía seguía teniendo poder político y buenos contactos, y cuando a mi abuelo lo reclutaron para que se uniera al ejército aprovechó su influencia para que lo sacaran del país.

En aquella época el gobierno mexicano ofrecía apoyo a los refugiados republicanos procedentes de España y mi abuelo abandonó el país en un buque lleno de niños republicanos. El buque se llamaba *Mexique* y a los niños los apodaron «los Niños de Morelia». Mi abuelo se convirtió en el médico de a bordo.

Después de cruzar el Atlántico llegaron al puerto de Veracruz. Como en aquel tiempo mi abuela era la representante gubernamental del presidente Lázaro Cárdenas, se ocupó de ir a recibirlos al puerto, acompañada de la hermana del presidente. Mi abuelo se fijó en ella mientras el buque atracaba y creyó que era la mujer más hermosa que había visto jamás. Se enamoraron y se casaron.

El sueño profético de la madrina de mi abuela se acabó cumpliendo, como tantos otros que he ido teniendo a lo largo de los años. Y el poder de la profecía no es más que uno de los muchos poderes del estado de sueño.

Mi abuela tenía en aquel tiempo una gran influencia política y con su ayuda mi abuelo hizo fortuna en México. Pero a él esto no le bastaba. Siempre había añorado volver a su ciudad natal española. Se iba de México durante largos periodos, pero siempre regresaba. La amarga batalla que había empezado 400 años atrás en México volvía a darse en mi propia familia, entre mis abuelos, con mi abuela defendiendo México y a sus gentes, y mi abuelo menospreciando el país en el que se había enriquecido. La situación empeoró tanto que, cuando mi madre tenía tres años, su padre le decía: «Querida hija mía, sabes que eres española, ¿verdad?». Pero como ella estaba muy unida a mi abuela, le respondía: «No, no lo soy. Soy mexicana».

Estas heridas, causadas por la guerra entre dos países y sus gentes durante la conquista de México, han seguido abiertas hasta el día de hoy. Ahora es cuando pueden empezar a cicatrizar. Sin embargo, incluso en la época de mis abuelos se formaban a menudo parejas entre mexicanos y españoles. Al final mi abuelo contrajo un cáncer en las cuerdas vocales. Se las tuvieron que extirpar y las últimas palabras que le dijo a su esposa fueron: «Josefina, has sido el amor de mi vida».

Me siento muy honrado por haber realizado una ceremonia en náhuatl, la lengua del México antiguo, en Montserrat (España), en el solsticio del 21 de diciembre del 2012 para sanar lo que llamamos «los vientos antiguos», es decir, las antiguas formas de pensar entre los dos países y entre los miembros de mi propia familia, y para compartir, con una actitud amistosa y cordial, lo que ha permanecido oculto desde hace cinco siglos: el tesoro verdadero de México, no su oro, sino su sabiduría.

MIS HUELLAS ROJAS: LAS HUELLAS DE MI TIERRA Y LAS HUELLAS DE MI ALMA

Las huellas rojas de mi tierra

Las huellas rojas de mi tierra, México, me dejaron sus marcas a una edad muy temprana, primero mediante la herencia de mi abuela y luego gracias a un episodio muy importante en mi vida.

En la catedral de Ciudad de México hay una parte que no está abierta al público: la cripta donde se encuentra enterrado Fray Juan de Zumárraga, el primer arzobispo de México. Me enteré primero por la tradición oral y luego al leerlo en *Regina*, un libro muy famoso, que en ese lugar se hallaba la llamada «piedra del trono». Era la piedra del trono de Cuauhtémoc, Moctezuma y los aztecas, que se la habían arrebatado a los toltecas, que a su vez se la habían quitado a los teotihuacanos, los cuales afirmaban que se trataba de una piedra del trono de los mixtecos, que a su vez se la habían quitado a pueblos indígenas del periodo de soles anteriores. Contenía, por tanto, toda la herencia de México.

No estaba seguro de si eso era cierto o no, pero tuve la oportunidad de corroborarlo. Un día un amigo mío, un arquitecto y antropólogo que era uno de los encargados de las excavaciones que se estaban realizando debajo de la catedral, en particular en la zona del Templo Mayor antiguo, me consiguió un permiso especial para visitar con él las excavaciones. Se sorprendió al descubrir que yo no quería visitar el templo del sol, sino la cripta de Fray Juan de Zumárraga. Al entrar al recinto descubrí ante mí la piedra blanca y azulada del antiguo trono de México. Y ahora, mientras escribo sobre ella muchos años después, me doy cuenta de que fue un momento decisivo en mi vida.

Encima de la piedra, colocada bajo una mesa de mármol, reposaba una cruz cristiana: habían recurrido a la magia antigua para someter al espíritu de México. Mi primera reacción fue sacar la cruz de encima de la piedra y apartar la mesa de mármol, pero si lo hacía mi amigo y yo nos meteríamos en un serio problema, así que lo único que se me ocurrió fue tocar con la frente cada uno de los cuatro puntos cardinales del trono.

Mientras lo hacía sentí una energía increíble. Sentí que tenía la aprobación de los gobernadores antiguos de muchos pueblos indígenas de hombres y mujeres sabios de México, así como su permiso para conocer y difundir su sabiduría antigua.

En cuanto salí de la cripta le pedí a mi amigo que me llevara al templo del Tezcatlipoca negro (el Señor que rige el mundo de los sueños). Así lo hizo y me mostró un cuerpo que acababan de encontrar en él.

«Mira», me dijo, «un sacrificio ofrecido al dios Tezcatlipoca».

Era el cuerpo de un joven en posición fetal, desollado y con siete piedras en forma de medialuna insertadas en el cuerpo en los lugares correspondientes a los siete *totonalcayos* o chakras.

Para mi amigo, el antropólogo, se trataba de un sacrificio, pero para mí era el entierro de un joven muy importante. Los *totonalcayos* también se llaman *cuecueyos* en náhuatl. Un *cuey* es algo curvo en forma de medialuna que entra y sale. Insertar un *cuey* en los siete *totonalcayos* es una técnica muy avanzada para sacar el alma del cuerpo, una técnica que en la actualidad ni siquiera conocen los practicantes espirituales más avanzados. La piel despellejada representa la eliminación de la energía antigua. Es el símbolo de Xipe Totec, el segundo Tezcatlipoca, el rojo. Para mí era evidente que al joven le habían insertado los *cuecueyos* cuando ya estaba muerto y que le habían arrancado la piel para que su energía cambiara y no tuviera que volver nunca más a este mundo.

Es una cuestión de sentido común: si sacrificas a alguien no te preocupas por sus chakras, o su piel, ni tampoco por colocarlo en una postura fetal, la cual tiene que ver con la forma en que la conciencia entra y sale del cuerpo. Esto demostraba, por tanto, otra cosa que los guardianes de la tradición oral han estado afirmando: que nunca hubo sacrificios humanos en el Imperio azteca.

Cuando me di cuenta de ello, entendí hasta qué punto se había difamado al pueblo azteca. La falta de comprensión y una serie de mentiras fue lo que llevó a la masacre en la que el noventa por ciento de la población indígena de México había perecido. Y en ese momento vi esa injusticia con mis propios ojos y el corazón se me encogió de tristeza por los habitantes del antiguo México. Encima de su trono habían puesto una cruz y habían tomado a sus muertos por sacrificios humanos. No quise ver nada más, ni siquiera el templo del sol, solo quería largarme cuanto antes del lugar.

Aquel día, sin embargo, me cambiaría más aún la vida, aunque entonces no me di cuenta. En México hay muchos bailarines sagrados, personas que regentan temazcales —las cabañas sudatorias— y curanderos que usan plantas, pero los auténticos maestros de las tradiciones antiguas no son fáciles de encontrar. Yo he descubierto a algunos, pero los más importantes siguen aún ocultos. Empezaron a aparecer después de mi iniciación con la piedra del trono, como si los *tlatoanis* de la antigüedad me los hubieran enviado.

Las huellas rojas de mi alma

Las razones principales para ser un soñador, según la tradición, son querer afrontar nuestras vidas pasadas y los fragmentos enterrados en el inframundo, y prepararnos así para la siguiente muerte. Si somos conscientes mientras soñamos, también lo seremos al morir.

Tuve la oportunidad de demostrar que podemos recuperar los recuerdos mediante un ejercicio en el que intentamos recuperar los recuerdos olvidados de nuestra vida, como los de los sueños, los que tenemos mientras nos encontramos bajo los efectos de la anestesia o cuando perdemos la conciencia de alguna otra forma y, por supuesto, los recuerdos de cuando estábamos en el vientre materno. La técnica, que ofreceré en un libro futuro, también nos trae a la memoria recuerdos de vidas pasadas. Y estos, a su vez, nos llevarán a otras vidas que las precedieron, ya que están siempre vinculadas.

Mientras realizaba este ejercicio logré recordar muchas cosas sobre mi vida, aunque no las describiré todas para evitar escribir un libro increíble o sobre vidas anteriores. Solo mencionaré los recuerdos más significativos. He demostrado algunos de ellos. Por ejemplo, recordé la música que sonaba mientras me estaban operando. Estaba bajo los efectos de la anestesia, pero el médico me lo confirmó más tarde.

Uno de los recuerdos más importantes que me vino a la memoria fue el de estar en el seno materno. He de confesar que siempre he tenido una relación muy extraña con mi madre, una relación de amor y odio, de afecto y resentimiento a la vez. No lo entendía hasta que recordé lo que había sucedido mientras estaba en su vientre.

Soy el benjamín de cuatro hijos. Después de nacer mi hermana Karina, a mi madre le diagnosticaron un prolapso uterino y le dijeron que no podría tener más hijos. Por eso desde que yo era pequeño mi madre siempre me había dicho que era su preferido. Y por eso mis hermanos me tenían celos. Pero en una ocasión, mientras hacía el ejercicio para recuperar los recuerdos, regresé al momento en que estaba en el vientre de mi madre y la oí llorar y decir: «¡No quiero otro hijo, ya no tengo paciencia para ocuparme de él!». Era exactamente lo contrario de lo que me había dicho.

Fui a ver a mi madre y le pregunté: «¿Es cierto que no querías tenerme porque se te había acabado la paciencia y llorabas por haberte quedado embarazada?».

Ella, palideciendo me preguntó: «¿Cómo lo sabes?».

Le respondí: «Lo recuerdo».

Entonces se empezó a justificar: «En aquel tiempo mi relación con tu padre no iba bien. Y además me sorprendió haberme quedado embarazada, porque se suponía que ya no podía tener hijos».

Le dije: «No te preocupes, solo quería saberlo. Necesitaba descubrir si podía recuperar los recuerdos enterrados en las profundidades de la mente, como los sueños».

Después del episodio sentí curiosidad por saber por qué había yo decidido entrar en un ambiente tan hostil. Al hacer el ejercicio una vez más recordé mi estancia en el Mictlan, la tierra de los muertos. Me encontraba entre vidas, lo cual es un estado muy parecido al de los sueños. De hecho, para aquellos de ustedes a los que les dé miedo la muerte, estar muerto es en cierto modo más agradable que estar vivo.

De pronto una voz interrumpió mi sueño. No estoy seguro de si era la mía o no, pero estoy seguro de que dijo: «Tienes que volver para arreglar lo que destruiste».

Un viento huracanado se levantó de súbito y me sacó de donde estaba. Grité: «¡No quiero volver allí!», pero me arrastró hasta dejarme caer en el vientre de mi madre actual.

Más tarde me enteré de que algunas enseñanzas orientales describen conceptos como este de una forma muy distinta a la idea de la Nueva Era de elegir a nuestros padres y ponernos en la cola para llegar a la Tierra en una determinada fecha. La editora de mi primer libro, una experta en budismo, me dijo: «Ese viento era el karma». En realidad, en nuestra tradición los patrones kármicos se llaman «los vientos antiguos». Sea cual sea el nombre que reciban, aquello me aspiró y me obligó a volver. En cuanto lo recordé, entendí por fin que había vuelto a esta vida para recuperar una cultura que en el pasado había ayudado a destruir.

Al mismo tiempo entendí por qué había vivido la infancia y la adolescencia sin ser consciente de la realidad. *Nunca quise venir a este mundo y las personas que se suponía que me querían en él tampoco lo deseaban.* Esos programas pueden ser muy peligrosos si no los descubres a tiempo. Es lógico que me volviera un niño tímido y retraído que solo quería huir. Pero solo podía huir de la realidad con mi imaginación y las cosas que mi niñera me enseñaba, que más adelante describiré.

En la adolescencia intenté evadirme de otra forma: con el alcohol y luego con las drogas. Aunque ahora pertenezca al linaje tolteca, empecé formando parte de uno de los linajes de la luna, pero sin linaje alguno, ya que me encantaban las discotecas, el baile y la evasión. Y agradezco mucho lo que aprendí de esa vida. Mi mente y mi percepción se ensancharon y me sentí libre del rechazo de mi familia. Sin embargo, el alcohol y las drogas son, como dice la tradición, unos aliados muy peligrosos.

Y sin darme cuenta rompí el acuerdo al que los seres de energía habían llegado con la humanidad, y esto me causó un gran dolor y sufrimiento. Al poco tiempo estaba tan deprimido que tomé el camino de la autodestrucción, hasta que descubrí algo mucho más interesante que hacer: soñar. La tradición mexicana antigua del nagualismo me salvó la vida y ahora dedico mi vida a rescatarla.

¿Cuál era el acuerdo que había roto? La tradición oral dice que hace mucho tiempo los seres de energía llamados *pipitlin* y *yeyellis* en náhuatl, conocidos en otras lenguas como ángeles y demonios, estaban preocupados por la tristeza de los seres humanos. (Aunque los *yeyellis* se alimenten de las emociones destructivas, si los humanos están muy tristes se acaban muriendo y entonces los *yeyellis* se quedan sin comida.) Así que enviaron a tres *pipitlin*, Ameyalli (u Omeyalli), Maui y Meyahualli, a ayudar a los humanos. Ameyalli u Omeyalli significa «manantial» y Maui, «rayos de luz», y esos dos *pipitlin* lograron meterse en el mezcal —un licor—, y el peyote, y devolver por medio de ambos la esencia de la felicidad a la humanidad. Meyahualli se convirtió en la esencia de una planta llamada maguey (*Agave americana*, pita o aloe americana).

Omeyalli se compone de la palabra «dos», *ome*, y se dice que el acuerdo entre los seres de energía y los seres humanos fue que estos podrían tomar bebidas alcohólicas procedentes de plantas, pero no más de dos, aunque hoy día no estamos seguros de qué significa esto exactamente: podría referirse a dos bebidas en toda nuestra vida o a dos al día. Sin embargo, si sobrepasamos esta cantidad, tarde o temprano caeremos bajo el hechizo de la luna y haremos cosas horribles en un estado alterado de conciencia, como yo hice, cosas que no haría estando sobrio porque tarde o temprano producen mucho sufrimiento.

Hay también otra regla que se aplica a cada pueblo indígena de México, salvo a los huicholes: nunca hay que buscar las plantas de poder sagradas, comprarlas ni pagar por ellas. Son los aliados los que deben buscarnos a nosotros.

También rompí este acuerdo muchas veces: busqué las plantas y las compré. Como muchas personas que conozco, descubrí que la experiencia de consumir plantas de poder no me había cambiado la vida en ningún sentido: no me produjo más que luces de colores, risas y diversión. En mi vida, el cambio verdadero llegó de mi compromiso con la disciplina del sueño del guerrero y el linaje tolteca. Este linaje nos permite tomar dos bebidas (para trabajar con más facilidad con los sueños) o ninguna.

No debemos romper nunca el acuerdo al que los seres de energía llegaron con nosotros, aunque ignoremos su existencia.

MIS HUELLAS BLANCAS

Ahora lo único que me queda para acabar de describir mi energía es hablar de las huellas más importantes de mi vida: las del conocimiento.

En el pétalo del este de la flor cósmica es donde encontrarás las huellas blancas: las huellas de tus maestros, profesores y guías, y las de las experiencias de tu vida.

Mi niñera Rosita

Rosa Hernández Monroy nació en la comunidad indígena otomí de San Pablo de Autopa, muy cerca de Toluca y de Ciudad de México. Era hija de Ernesto Hernández, el curandero de la comunidad. Su padre le transmitió el legado de sus conocimientos, ya que al parecer era su sucesora más directa. Sin embargo, Rosa tuvo un destino muy distinto. Un hombre la raptó cuando tenía 14 años y la obligó a casarse con él al dejarla embarazada. Le daba cada día unas palizas tan brutales que perdió los hijos que esperaba varias veces. Un día Rosa le plantó cara y huyó, descalza y sin hablar una sola palabra de español, a Ciudad de México.

Por lo visto la telaraña de los sueños colectivos nos reunió, ya que Rosa acabó trabajando en la casa de mis padres. Fue el regalo más maravilloso. Me convertí en el hijo que ella no había podido tener y su amor ha sido el único amor incondicional que he conocido, un amor sin reservas por el que siempre le estaré agradecido. Como de niño mi madre estudiaba y trabajaba y apenas estaba en casa, la niñera era la que se ocupaba de mí la mayor parte del tiempo. Así fue cómo conocí a mi primera maestra sabia.

Cuando me dolía algo, Rosa en lugar de darme una pastilla me soplaba humo de tabaco y el dolor se me iba. También usaba otros métodos curativos como tazas a modo de ventosas y alcohol. Todavía recuerdo el dulce sonido de la lengua otomí que hablaba y también algunas de las palabras que le oía pronunciar: *zinj*, «judías», *mi*, «tortilla», *deje*, «agua».

Rosa, con mi sobrina

De niño tenía pesadillas y fue la primera persona que me habló de los sueños. En una ocasión, mientras Rosa me limpiaba pasándome un huevo de gallina alrededor de la energía que irradiaba mi cuerpo, me dijo: «El huevo simboliza un sueño que no se cumplirá. El sueño del huevo era convertirse en un pollo, pero no lo llegará a ser, por eso cuando te limpio con el huevo estoy impidiendo que tus pesadillas se hagan realidad».

Luego rompía el huevo, lo echaba en un vaso de agua e interpretaba las formas que adquiría. Sin saberlo, me estaba dando una gran lección, porque interpretamos el huevo de la misma forma que interpretamos los sueños. Es el mismo patrón energético. De esa manera aprendí a interpretar los sueños a una edad muy temprana. Todavía hoy pienso que los sueños son como un huevo que se expande en el agua y forma una corriente en una sustancia viscosa como la del cerebro.

Rosita era mi defensora, además de mi maestra. Me defendía de mis padres y sobre todo de mi hermano. Él me daba mucho miedo, fue la persona más hostil con la que me topé en la infancia. Rosa me enseñó a escaparme, mostrándome cómo debía respirar y mover los ojos para que el mundo a mi alrededor se oscureciera y desvaneciera. De esta forma aprendí a acceder a la percepción de Amomati, el Águila Negra, al estado de sin mente. Y cuando mi hermano se portaba muy mal conmigo, yo lo hacía desaparecer. Si me aburría en clase, la hacía desaparecer. Y cuando la gente me rechazaba (yo lo veía así) también los hacía desaparecer. Años más tarde usé esta técnica para curar a la gente y me volví muy célebre en México por ello.

Gracias a Rosa también aprendí muchos métodos distintos de mejorar el arte de los sueños, como dejar unas tijeras abiertas debajo de la cama para cortar las pesadillas, o darle la vuelta a la almohada para cambiar los sueños cuando eran espantosos.

Rosa Hernández Monroy ya es ahora una señora mayor y vive en casa de mis padres, pero seguimos estando en contacto, de cuerpo y alma, y sentimos un amor incondicional mutuo que no se puede explicar con palabras.

Hugo García o Hugo Nahui

Mi segundo maestro más importante en el camino de los sueños fue Hugo García o Hugo Nahui (el nombre de su nagual, significa «cuatro»). Cuando lo conocí yo acababa de combinar lo que había aprendido de Rosita con lo que me había enseñado Laura Muñoz, una maestra entrañable con una gran experiencia, en algunos de sus cursos sobre energía, y yo había creado mis propias técnicas de sanación. Estas demostraron ser muy eficaces y al poco tiempo la gente empezó a ir a mi encuentro para que los curara y les diera enseñanzas. Más tarde me hicieron diversas entrevistas y poco tiempo después me invitaron a participar en un programa de radio conocido como *2012: los años por venir*, que se había estado emitiendo en México durante 13 años, y me hizo muy famoso, con miles de seguidores en Ciudad de México, Guadalajara y Monterrey.

Durante varios años, Hugo García había seguido el camino mexicano antiguo de los sueños y había estado expandiendo su conciencia a su manera como yogui. Cuando lo conocí trabajaba de autobusero. Se había prometido que solo enseñaría a los viajeros que se subieran a su autobús. Y un día fui yo quien se subió a él, aunque no físicamente, como quizás haya creído, sino desde la radio. Hugo había puesto mi programa radiofónico y me reconoció como su *tlatoani*, la persona que difundiría su mensaje por el mundo.

Me vino a ver humildemente —algo que siempre le agradeceré— para ser alumno mío y se apuntó a varios de mis cursos. Pero un día me dijo que no había venido a aprender de mí, sino a enseñarme. Así que se convirtió en mi primer maestro oficial de los sueños, el calendario azteca y la tradición de la energía mexihcayotl, mexica o tolteca.

Me daba una clase privada una vez a la semana y aprendí muchas cosas de él: la astrología lunar mexica antigua, cómo recordar los sueños, lo básico del sueño lúcido y la matemática de los sueños: cuánto tarda un sueño en manifestarse. También me enseñó sus propias técnicas para expandir la conciencia, algunas de las cuales compartiré en este libro.

Hace algunos años me profetizó: «Después del eclipse del 11 de julio del 2010, el conocimiento mexica se expandirá por todo el mundo y tú serás uno de sus mensajeros. Tu labor empezará en Italia». No le creí, pero tampoco lo puse en duda, simplemente me olvidé de ello.

Un mes antes del eclipse, Elizabeth Jenkins, una gran amiga mía de la tradición andina, me invitó para que diera una charla sobre sanación en un congreso. El tema principal era la tradición hawaiana, pero curiosamente entre los asistentes había muchos italianos, y más tarde me invitaron a dar charlas en distintos lugares del mundo, pero sobre todo en Italia. También di una pequeña charla en la librería Alma de Milán de Milán, y una de las señoras que asistió acabo publicando mi primer libro, *2012-2021: el amanecer del Sexto Sol*. La profecía de Hugo García se había cumplido.

Desde entonces he estado recibiendo invitaciones para enseñar por todo el mundo, pero mi punto de partida fue Italia, el país donde curiosamente me encuentro hoy escribiendo este capítulo, una tierra a la que le estoy profundamente agradecido por la cálida acogida que le ha dado a la sabiduría ancestral tolteca y mexica.

Al cabo de un tiempo le pregunté a Hugo: «¿Por qué Italia?». Me respondió que Esteban, su maestro, lo había visto en sus sueños y que eran dos las razones principales para ello: la primera, que Cristóbal Colón era italiano y había sido el primero en llegar en barco al Anáhuac, conocido hoy como América. Y la segunda, la más importante, que la religión católica que tanto sufrimiento había causado en México de manos de los españoles hacía 500 años tenía su sede en Italia. Por eso, compartir los conocimientos ancestrales de los sueños —algo inimaginable en aquella época— también empezaría en Italia y sanaría las heridas y los vientos antiguos entre los dos países.

Actualmente Hugo García vive cerca de Teotihuacán, en México. Es un gran amigo mío, mi maestro y alumno, y trabaja conmigo en varios proyectos e iniciaciones. De nuevo, como en mi primer libro, me gustaría decir: «Gracias, Hugo, por haber visto mi futuro antes de que yo lo viera». Y ahora también me gustaría preguntarle: «¿Es este tu sueño o el mío? ¿Es este un sueño compartido o un sueño colectivo?».

Estaré esperando a que se publique este libro para conocer la respuesta.

Xolotl

En una ocasión, mientras hacía mi práctica del sueño lúcido con Hugo, tuve un sueño muy peculiar. Soñé que entraba en una estación de metro y me entregaban un folleto de propaganda como los que te dan en la vida real. Cuando lo abrí vi que ponía «Nagualismo», y también había un número de teléfono y la imagen de un perro.

Por supuesto, me lo tomé como una proyección de mi anhelado sueño de encontrar un maestro sumamente experto en nagualismo, aunque sabía que era prácticamente imposible encontrar uno tan bueno en México, porque esta clase de conocimiento se había mantenido en secreto. Creí que el sueño me indicaba simplemente mi gran deseo de encontrarlo, pero en realidad la fórmula de Hugo es muy eficaz: primero sueñas algo y luego se hace realidad.

Xolotl

Hugo me contó que quería presentarme a Xolotl, un amigo suyo, para que también fuera mi maestro. Lo conocí en un café, y tenía una expresión muy seria, incluso un poco desconfiada, pero aceptó enseñarme en privado sobre los sueños. En la tradición mexicana Xolotl es el nombre de un perro, el nagual de Quetzalcóatl, es decir, el cuerpo de sueño del señor de la luz y del conocimiento. Mi sueño adquirió de pronto sentido: por fin había encontrado a mi maestro de nagualismo.

Desde el día en que me encontré con él, Xolotl, conocido habitualmente como José Luís Chávez, fue mi maestro principal en cuanto al calendario azteca, la cosmología y las danzas náhuatl y las prácticas de nagualismo del linaje tol que forman la esencia de este libro. Vive en Ciudad de México y ha estado siguiendo la tradición mexicana antigua durante muchos años, viajando por

Hugo, Xolotl, Alma y yo realizando una ceremonia tradicional de siembra de nombre

las comunidades náhuatl y reuniendo información. Al tener también un máster en Historia de México, ha unido sus conocimientos académicos con la tradición oral. Es el principal lingüista de náhuatl de México y enseña esta lengua oficialmente. Nos dedicamos a enseñar, junto con su esposa Alma, el Camino del Hombre Iluminado en el Anáhuac. En la actualidad estamos trabajando en el proyecto del Club UNESCO para la Protección del Patrimonio Inmaterial de las Civilizaciones Antiguas relacionado con el Patrimonio de México, cuyo objetivo es documentar y promover la tradición tolteca-mexica antigua. También organizamos viajes iniciáticos en los que mexicas de todas partes del mundo celebran nuestras ceremonias en los templos principales de México.

Le debo a Xolotl casi todo cuanto sé de la tradición. Es otro regalo que la vida me ha dado. No creo que se lo haya dicho nunca, pero le estoy muy agradecido no solo por sus enseñanzas, sino también por su gran integridad como persona. Es un modelo a seguir. Espero con ilusión llegar a alcanzar un día la pureza y el poder de su energía y su pasión por todo México. *Tlazohcamati*, Xolotl.

Armando

Tras haber progresado mucho en el conocimiento de los sueños tuve un sueño muy claro, uno de esos que llamamos «sueños blancos», aunque en realidad son instrucciones espirituales. Las instrucciones que recibí fueron ir solo a Tula un día antes del solsticio de verano y volver al día siguiente con otra persona.

Seguí las instrucciones y fui a Tula, la antigua capital tolteca cuyo nombre era Tollán, el día anterior al solsticio. Al llegar estuve dando vueltas por el centro ceremonial, esperando a que me llamara la atención algo especial. Realicé mis ejercicios toltecas de respiración, conocidos como «teomanía», pero no vi nada fuera de lo común. Cuando estaba a punto de irme, un artesano se acercó y me ofreció algunas de las obras de arte que vendía.

Le pregunté: «¿Van a venir hoy los bailarines o los chamanes?».

Me respondió: «No, hoy no. Solo vienen durante el equinoccio de primavera. ¿Qué es lo que busca?».

Le respondí: «Sinceramente, no lo sé».

Entonces me preguntó: «¿Está interesado en algún objeto tolteca original?» Y se dispuso a mostrarme algunos. En aquella época los cráneos de cristal estaban de moda y le pregunté si tenía uno.

«Sí», me contestó, «tengo uno. Pero está en mi casa. Si vuelve mañana, se lo traeré».

Siguiendo las instrucciones del sueño, al día siguiente volví a Tula acompañado de alguien más, de hecho de dos personas: mi madre y Dayachandra, una colega budista.

Volví a encontrarme con el artesano. Los guardas del lugar le intimidaban mucho. Era un cráneo precioso. El único que había visto con una serpiente enroscada alrededor y emanaba una energía descomunal. Le preguntamos de dónde procedía y el artesano nos contó que mientras los campesinos cavaban los campos solían encontrar objetos antiguos, y que este había aparecido en sus tierras.

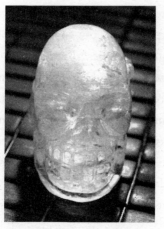

Mi cráneo de cristal

Aquella noche, el día del solsticio de verano, me senté en casa con el cráneo de cristal en las manos, pero no tenía idea de qué hacer con él. Cecilia, una amiga y compañera mía de aventuras espirituales en aquella época, vino a verme y decidimos poner el cráneo sobre una mesa en medio de la sala de estar y correr alrededor de él. Más tarde descubrimos que ese movimiento lo había activado. Me desplomé en el sofá sumido en un viaje psicodélico como los que había vivido antes, solo que esta vez la serpiente se despegó del cráneo y me miraba como si fuera a engullirme. Pero de pronto me dijo: «He venido a traerte conocimiento».

Fue como un sueño lleno de imágenes y colores, una iniciación absolutamente real y completa. En un momento dado creí que empezaba a desvanecerse, así que abrí los ojos para ver lo que le había pasado a Cecilia. Estaba echada en otro sofá en estado de trance, con los ojos en blanco. No había duda de que también se encontraba experimentando una iniciación.

Más tarde compartimos nuestras experiencias. Su iniciación no fue con la serpiente, sino con un jaguar que le enseñó a usar jade y algunas otras cosas más.

Desde entonces he descubierto que el cráneo funciona solamente cuando él quiere. Y solo he podido repetir esa experiencia una vez más, aunque fue con un grupo de gente. Tuvieron una experiencia parecida a la mía, pero fueron transportados a Ciudad de México y se descubrieron contemplando a los guerreros águila de la antigüedad.[4] Vieron muchas cosas que cuestan de creer, pero al menos treinta personas fueron testigos de lo que sucedió aquella noche.

El artesano no cesaba de llamarme para ofrecerme otros objetos, pero yo siempre me negaba a adquirirlos, porque considero que estas piezas arqueológicas pertenecen a nuestra nación. Pero un día me llamó para decirme que su compadre, un hombre al que yo no conocía, tenía un objeto muy especial que sin duda me interesaría. Al parecer era un collar de jade. También había traído un espejo pequeño de obsidiana. Quería que le comprara el collar, pero me interesó el espejo y le pregunté por él.

Me respondió: «El espejo es mío, pero te puedo enseñar a usarlo por una cantidad de dinero razonable».

Y así empecé mis clases para aprender a manejar el espejo de obsidiana.

El espejo de obsidiana, que describiré a fondo en el capítulo 8 (*véase la página 173*), es el punto medio entre el estado de vigilia y el estado de sueño. El compadre —al que llamaré Armando— me enseñó a hacer desaparecer mi reflejo en él, a cambiar mi reflejo por el de un animal y a entrar en el estado de sueño con la imagen de un animal como mi nagual —mi cuerpo energético—, en lugar de con mi propia imagen. Aprendí a atacar y a defenderme en el estado de sueño, algo que me fue de gran ayuda más tarde en Perú, y también a influir en los sueños de los demás y en los sueños colectivos.

El aspecto de Armando siempre me asustaba un poco. Un día le dije lo que sentía y él me respondió: «Te pasa porque no te has visto en el estado de sueño. En realidad te pareces a mí, por eso te estoy formando. Seguir tu rastro no resulta fácil y esto te hace menos vulnerable a otros guerreros del sueño».

Le gustaba gastarme bromas. Una noche, mientras hacía mis ejercicios de respiración para ser consciente en mis sueños, vi de pronto con los ojos abiertos aparecer ante mí un par de ojos rojos que se transformaron en una araña. Parecía tan real que casi me muero del susto, pero cuando intenté tocarla se transformó en pura energía. Fue espantoso.

La siguiente vez que nos vimos no le dije una palabra al respecto, pero Armando afirmó: «No te gustan las arañas, ¿verdad?».

Le pregunté: «¿Eras tú?».

Simplemente se echó a reír.

Volvió a reírse cuando le conté la leyenda maya de los trece cráneos de cristal y me dijo que no era verdad. Y añadió: «Esos cráneos representan a Mictlantecuhtli, el señor de los muertos, es decir, el nivel más alto del nagualismo, y eran las herramientas de los naguales de la antigüedad, que tallaban sus sueños en ellos para no tener que escribirlos o dibujarlos. Lo que viste en tu cráneo era un sueño del nagual, lo usaba para grabar sus sueños en él. Podrás ver esos sueños solo cuando ese nagual, al margen de dónde esté, te lo permita hacer. Te dejó ver dos veces sus sueños, ahorrándote un largo viaje. Considérate muy afortunado por ello».

Armando y yo disentíamos mucho sobre cómo usar el estado de sueño. Él trabajaba también como brujo para muchas personas importantes de México y supongo que por eso un día desapareció sin dejar rastro. Su compadre el artesano no sabe dónde está, y yo no he logrado localizarlo en mis sueños.

Xochicuauhtli

Un día Hugo fue a mi consulta en Ciudad de México para dejarme un libro, acompañado de Xochicuauhtli, una mujer cuyo nombre significa en náhuatl «Águila Florida». Ella apenas veía, pero mientras estaba plantada cerca de varias fotos mías, dijo de pronto: «Es él, es la persona de mis sueños. Quiero verle ahora mismo».

Como aquel día yo no estaba en la consulta, me llamaron para decirme que un guardián de la tradición quería verme, pero no estaba de humor y además era mi día de fiesta, de modo que me negué a ir. Más tarde volvieron a llamarme y me dijeron que la mujer insistía en que quería verme. Volví a decir que no. La tercera vez que me llamaron me dijeron que ella no pensaba irse hasta que yo fuera a verla. Fue entonces cuando recordé un sueño en el que me encontraba con un águila y comprendí que ese era el encuentro con el que había soñado.

Cuando llegué, Xochicuauhtli estaba de espaldas a mí, pero al acercarme a ella, exclamó: «¡Cuánta energía! Es la persona con la que soñé, la que llevará la energía de las Pléyades al mundo entero».

Me contó que yo era una buena esencia —es decir, una buena persona—, y que ella me abriría al poder de las Pléyades. Me pidió que me sentara y, hablando en náhuatl, me abrió los cuatro puntos cardinales de energía en la espalda y un quinto en mis manos. Y añadió: «Harás lo que te acabo de hacer por todo el mundo».

«¿Cómo se supone que debo hacerlo?», le pregunté.

Y ella me respondió: «Recibirás las instrucciones en tus sueños. Tú y yo no volveremos a vernos nunca más».

Este encuentro tuvo lugar hace seis años y desde entonces no la he vuelto a ver. Pero su profecía se ha cumplido. En mis sueños me dijeron que abrir los centros energéticos de la espalda era una forma de empezar a soñar con lucidez y aprendí cómo hacer la iniciación, que desde entonces he estado realizando en varios países. Hace poco me llevé una gran alegría al enterarme de que uno de mis alumnos incluso había realizado la iniciación en la televisión de Venezuela. Ahora se está difundiendo por todo el mundo. Era el sueño de Xochicuauhtli y también lo que afirmaba que quería que ocurriera su maestra Regina (para algunos una leyenda y para otros una persona real).

No me ha resultado fácil escribir este capítulo, porque fue una experiencia muy emotiva. He narrado toda la historia de mi vida. Sin secretos ni mentiras. He hablado de cómo mis antepasados, mi tierra natal, mis vidas anteriores y mis maestros han dejado sus huellas en el mapa de mi energía y me han forjado en quien hoy soy. Fui Sergio Magaña, pero día a día estoy cambiando. *Ni ye Ocelocoyotl.* Soy Ocelocoyotl. El coyote jaguar.

2 (OME)

Nagualismo: el conocimiento ancestral de los sueños

Para entender lo que es el nagualismo debemos antes entender el significado de la palabra «nagual». Viene de la lengua náhuatl y se refiere al conjunto de conocimientos antiguos que según la tradición oral se originó con los olmecas, los chichimecas y los teotihuacanos. Los xochicalcas lo conservaron y lo transmitieron a los toltecas, antes de que les llegara finalmente a los aztecas y a su grupo indígena principal, los mexicas.[1]

La cultura mexica se desarrolló al principio en Estados Unidos, en el lugar conocido hoy día como Utah. Su lengua materna era el yutuazteca. Más tarde se difundió por el sudeste de México hasta llegar al estado de Veracruz. Allí fue donde los primeros asentamientos crearon la tradición olmeca, y desde este lugar se propagó al centro de México, un proceso que duró miles de años y que llevó a lo que en la actualidad se conoce como mexihcayotl o toltecayotl, es decir, la esencia o energía mexica o tolteca, que está presente en todos los que seguimos en la actualidad la tradición ancestral de México.

La composición etimológica del náhuatl encierra una gran parte de la cosmología y los misterios del México antiguo. Las palabras describen el proceso de la creación, el orden matemático de la creación y la relación entre la humanidad y el cosmos, no solo a nivel físico, sino también energético. Gracias a la tradición oral y a las palabras de la *mah toteotahtzin mitzmopieli,* la historia de nuestra tierra venerable, hemos recuperado lo que se creía que la conquista y el paso del tiempo habían destruido: el tesoro verdadero de México, es decir, su conocimiento.

EL TONAL Y EL NAGUAL

Antes de hablar del nagualismo y de cómo nos llegó, es necesario entender lo que significan las dos palabras fundamentales en toda la tradición: *tonal* y *nagual.*

Tonal viene de *Tonatiuh,* el Sol, generador de calor. Según nuestros ancestros mexicanos, el cosmos se manifiesta en todos los seres humanos. El orden cósmico es nuestro propio orden. Por tanto, mientras el Sol produce calor emite información a nuestra *teotl,* nuestra energía.

A nivel humano el tonal es por tanto, un cuerpo energético que produce calor, exactamente como hace el Sol. Puede percibirse como un halo ámbar alrededor de la cabeza cuando estamos despiertos o en un estado consciente, o ambas cosas a la vez, y rige nuestra percepción en el estado de vigilia. Al ser el Sol el que nos da este poder, un grupo de gente que se reúna en una habitación, por ejemplo, verá la misma «realidad», lo que el Sol les hace ver. En cambio, una persona que esté durmiendo en esa habitación verá otra realidad totalmente distinta —la de sus sueños—, ya que su tonal no está sobre su cabeza ni gobernando su percepción. (Esto también es cierto en el caso de alguien que siga el camino del nagual y que sea capaz de alterar su percepción a voluntad.)

En resumen, el tonal es la percepción ligada a la materia física y a los cinco sentidos. Está regido por la luz del Sol y es el que crea nuestra identidad y nuestra ubicación en el tiempo y el espacio cuando estamos despiertos.

Nagual procede de dos palabras: *nehua*, que significa «yo», y *nahualli*, que quiere decir «lo que se extiende». En la cosmología antigua se refiere a todo cuanto se extiende más allá del *tonal*, es decir, quienes realmente somos.

El tonal está regido solo por la energía solar, mientras que el nagual está regido por la energía del universo y sobre todo por la energía de la Luna, Venus y las Pléyades. A escala humana, se puede detectar esta energía como un resplandor gris azulado parecido a la luz fría de la luna, y se encuentra alrededor del ombligo cuando estamos despiertos, pero asciende alrededor de la cabeza cuando dormimos o cuando entramos en un estado alterado de conciencia.

El nagual es el cuerpo energético que viaja por el mundo onírico, el de los sueños. Por eso percibimos las cosas de distinta forma cuando dormimos y soñamos. El nagual también nos permite ir al Mictlan, la tierra de los muertos, y a otros mundos. Es decir, cuando dormimos somos algo muy parecido a lo que se conoce hoy día como espíritu.

El nagual es de carácter dual: podemos soñar sobre crear o destruir. También podemos soñar en la tierra de los muertos sobre nuestros viejos patrones, los vientos antiguos, lo que se conoce en la tradición oriental como «karma» y «dharma».

Según la tradición, la peor desgracia para un ser humano es la separación del tonal y del nagual. Hoy día están siempre separados en nuestra esfera: nuestro huevo o aura. Cuando estamos despiertos, la energía del tonal se mueve alrededor de la cabeza y la del nagual alrededor del ombligo, girando en direcciones opuestas sin encontrarse nunca. Cuando estamos dormidos, el tonal obliga al nagual a salir por el hígado y entonces el nagual asciende a la cabeza. Desde allí se expande al mundo de los sueños, ensanchando nuestra percepción para incluir el Mictlan, la tierra de los muertos, mientras dormimos.

Por la mañana, antes de despertar, el nagual obliga al tonal a salir por el hígado, entonces el tonal asciende a la cabeza y de nuevo volvemos a ser la persona que creemos ser, la identidad que hemos creado en el tonal.

Si, como la mayoría de la gente, no recordamos lo que soñamos, y no conseguimos recordarlo con la formación adecuada, nuestros sueños se convertirán en nuestro futuro una y otra vez hasta el día en que muramos. Según la tradición, este proceso se conoce como «la prisión invisible de la Luna». Se refiere al nagual y a nuestros sueños, en lugar de a la Luna real. Nuestros antepasados creían que la misión de cada persona en la Tierra era destruir la prisión de la Luna y hacerse cargo de sus propios sueños y de su vida.

NUESTRA SEÑORA DE GUADALUPE

Todos estos conocimientos se plasmaron de maravilla en el símbolo más importante de México, Nuestra Señora de Guadalupe, una imagen diseñada a la perfección por Cipactli, un guerrero águila que más tarde se conocería en nuestra historia como Juan Diego, un humilde campesino indígena.

Según los relatos tradicionales, la Virgen se le apareció en una colina, el Cerro del Tepeyac,[2] donde se encontraba en el pasado el antiguo templo mexica de Tonantzin Coatlicue,[3] la Madre Divina y soberana de la vida y la muerte. El dibujo de la imagen que Cipactli presentó al arzobispo español Fray Juan de Zumárraga en aquella época contenía todo lo que he mencionado antes.

Nuestra Señora de Guadalupe

La Virgen estaba de pie sobre la Luna, derrotándola, mientras ascendía hacia el Sol, es decir, rompiendo la prisión invisible de la Luna para poder alcanzar todo el potencial representado por el Sol. La mezcla de simbolismos católicos y tradicionales la convirtieron en el ejemplo perfecto del sincretismo hispanomexicano.

Hoy día la peregrinación al Tepeyac, que tiene lugar el 12 de diciembre, es la más popular del mundo y atrae aproximadamente a siete millones de personas cada año. Yo intento hacer este peregrinaje anualmente y puedo decir que es la personificación de la devoción. Millones de personas se reúnen para visitar a la Virgen, miles de ellas llegan para visitar el templo de Tonantzin Coatlicue, y miles más, como yo, llegamos para visitar ambos.

EL SOL Y LA LUNA

Estas enseñanzas también se ilustraron en el antiguo Templo Mayor de Tenochtitlán, dedicado a Huitzilopochtli, la energía principal cultivada por los mexicas, que en el tonal es la disciplina del guerrero y el Sol naciente, y en el nagual, el colibrí volando hacia la izquierda, guiándonos para que venzamos nuestras debilidades y alcancemos nuestro potencial durante nuestros sueños. Se dice que al principio debajo de las escalinatas del templo había la escultura de piedra de una luna despedazada, llamada Coyolxauhqui, que representa las fases lunares. Encima de ella se encontraba el Sol naciente, venciendo a la Luna día a día y alcanzando su gran destino, al igual que nosotros también vencemos la Luna y la oscuridad para alcanzar nuestro Sol, cambiando nuestro tonal a través de nuestro nagual.

Me gustaría aclarar que la derrota de la luna femenina, perpetrada por el sol masculino, no se refiere a la dualidad de lo masculino y lo femenino. La tradición náhuatl va más allá del género. La Luna recibe tanto nombres masculinos como femeninos, al igual que el Sol, y también todo cuanto existe. Por ejemplo, la entidad que rige la Luna es el Tezcatlipoca negro o espejo humeante, la energía más importante que gobierna los sueños, y esta le da un nombre masculino. Pero la tradición antigua del sueño no habla de lo masculino y lo femenino, sino de estar despiertos o dormidos, vivos o muertos.

EL LUGAR DEL OMBLIGO DE LA LUNA

Creo firmemente que el desarrollo de una tradición está muy arraigado en su ecosistema. México no queda demasiado lejos del Ecuador terrestre, por eso no hay una gran diferencia entre la duración del día y de la noche a lo largo del año. En el México antiguo el día se dividía en 20 fracciones. Cada una se componía aproximadamente de 72 minutos, con lo que el día estaba formado por 11 fracciones y la noche por 9, las cuales no cambiaban durante la mayor parte del año. La oscuridad reinaba durante casi la mitad del día, dando lugar así al mundo de los sueños y al nagual. Por eso el nagual se volvió tan importante como el tonal y produjo una de las culturas del sueño más sofisticadas del mundo de la antigüedad.

Es increíble que casi nadie, incluyendo los mexicanos, sepa lo que el vocablo «México» significa. Procede de las palabras náhuatl *metztli*, *xictli* y *co*, que significan «Luna», «ombligo» y «lugar» respectivamente. Al combinarse significan «el lugar del ombligo de la Luna». Es decir, la tierra de los soñadores y de los que están despiertos mientras sueñan.

Una de las posturas más comunes tanto en las pirámides mayas como toltecas es la del *tezcatzoncatl* o *chac mool (véase la página 192)*. Es otro de los nombres que recibe la Luna y también se refiere a una figura de piedra tendida de espaldas sosteniendo un espejo o un cuenco con agua en el ombligo, representando el espejo humeante. Estas esculturas se colocaban en la cúspide de los templos e incluso hoy día se puede ver una en la zona arqueológica de Chichen Itzá que simboliza el gran destino de ser un soñador, un nagual, o como mínimo un practicante de nagualismo.

EL CALENDARIO AZTECA

Se sabe que cuando cambiamos un nombre personal o el nombre de un lugar, cambiamos el destino de esa persona o lugar. Durante 300 años el Imperio azteca se conoció como Nueva España y fue durante ese periodo cuando los conocimientos antiguos sobre el sueño y el uso del espejo de obsidiana[4] se erradicaron brutalmente. A los practicantes de la tradición ancestral los fueron asesinando hasta que su sabiduría casi se perdió. Sin embargo, Nueva España recuperó su nombre antiguo, México.

Fue un factor decisivo, ya que permitió que los pueblos indígenas pequeños conservaran los conocimientos en secreto y nos los transmitieran en la actualidad.

México no solo volvió a adquirir su vibración antigua al recuperar su nombre, sino también su tiempo: el calendario azteca de la antigüedad, que sigue siendo válido hoy día debido a su relación con el universo.

¿Qué calcula el calendario? La famosa cuenta larga, la relación entre nuestro sistema solar y el universo. La última rueda

El calendario azteca

del calendario, la exterior, muestra dos serpientes con cabezas humanas. Representan la cuenta larga de la cultura náhuatl. Unos dicen que se compone de 26 000 años y otros de 26 500. Las plumas sobre las serpientes con cabezas humanas se refieren a Quetzalcóatl —una entidad que representa el conocimiento, entre otras cosas, en el México antiguo—, y también se pueden ver siete círculos pequeños y otro más grande. El grande representa nuestro Sol y los pequeños las Pléyades, que revelan la relación entre el Sol y las Pléyades, y también el movimiento entre los dos, ciclos que tardan miles de años en completarse. La ciencia ha llamado a este fenómeno la «precesión de los equinoccios».

El calendario también se llama *nahui ollin*, «cuatro movimientos», ya que se creía que el número cuatro resumía el orden del universo, porque se basaba en los cuatro movimientos que se dan tanto en la naturaleza como en el cosmos para completar sus ciclos: los cuatro elementos, las cuatro estaciones, los dos solsticios, los dos equinoccios, las cuatro fases lunares, etc. Por eso dividieron también la cuenta larga del calendario en cuatro periodos de 6 500 o 6 625 años (dependiendo de la cuenta) y los llamaron «soles».

Lo más importante sobre estos soles es que los ciclos cósmicos se repiten a distintas escalas, y los soles se van alternando como el día y la noche. Por lo tanto, se considera que un sol está hecho de luz, como el día, y el siguiente de oscuridad, como la noche.

La luz del día o los soles del tonal crean una clase de percepción externa. Durante esos soles Dios sale al exterior. La curación, la satisfacción, la conquista… todo sucede en el exterior. El Quinto Sol fue un sol del tonal, es decir, el terreno fértil para la creación de las religiones, los sistemas médicos, las guerras, etc.

Pero esta época está a punto de finalizar. Para ser más exactos, la transición empezó con el eclipse solar de julio de 1991 en Ciudad de México y terminará con otro eclipse en el año 2021. De modo que ahora nos dirigimos hacia un sol oscuro, un sol del nagual, donde nuestra percepción mira hacia el interior, donde necesitamos luz para ver en la oscuridad y donde, cuando cerramos los ojos, podemos ver nuestros sueños, nuestro mundo interior. Es un periodo en el que nuestra primera conquista no está relacionada con los demás, sino con uno mismo.

No hay que olvidar que en el México antiguo no había prejuicios sobre la luz y la oscuridad como buenas o malas. Estos conceptos pertenecen al mundo moderno. La luz y la oscuridad se veían simplemente como entidades o fuerzas, como el día y la noche, y se podían usar tanto para hacer acciones correctas como erróneas. Una guerra podía estallar si se hacía lo incorrecto a la luz del día, o durante el día, y para conseguir un sueño curativo, es decir, para hacer lo correcto, uno necesitaba las fuerzas de la oscuridad o de la noche. Así que el criterio por el que se regían —y que continuamos usando los que seguimos la tradición ancestral— era distinto del que se esperaría hoy.

También había otros conceptos que no se conocen demasiado en la actualidad, como el de la iluminación por medio del camino de la oscuridad. Consiste en transformarnos en un maestro de los sueños y en un maestro del espejo de obsidiana. En los siguientes capítulos hablaré de ello con más detalle.

Como ya he dicho, el Sol rige el tonal. Se le asignó el número 13 porque una rotación alrededor del ecuador solar dura aproximadamente 26 días terrestres. De modo que el Sol, Tonatiuh, muestra una de sus dos caras a la Tierra cada 13 días, y esto se acabó conociendo como onda solar o «trecena» (un periodo de 13 días). En las culturas antiguas el número 13 era tan importante que en la cábala es uno de los nombres de Dios en hebreo.

Según la tradición, el nagual está gobernado por las Pléyades, la Luna y Venus. Las Pléyades alcanzan la misma posición en el cielo un día en particular de noviembre cada 52 años, y en ese día se celebra la ceremonia del fuego nuevo en Ciudad de México, en El Cerro de la Estrella.[5] El fuego es el elemento que rige el sueño, de ahí que el fuego nuevo equivalga a un sueño nuevo. Por eso al nagual se le asignó el número 52.

Se sabía que el nagual era cuatro veces más poderoso que el tonal. Según estos cálculos, trabajar mientras uno soñaba era mucho más poderoso que trabajar en el estado de vigilia: cuatro veces más poderoso, para ser exactos.

Sin embargo, no todo el mundo podía recibir el aprendizaje de los sueños. Dado que las culturas mexicanas antiguas como las de los teotihuacanos, los xochicalcanos, los toltecas y los mexicas, habían surgido del sol del tonal, solo esos pueblos elegidos por el calendario podían recibir las enseñanzas. Los gobernantes y los guerreros eran los que aprendían a controlar sus sueños y, por lo tanto, a controlar a los demás y cosechar poder. Sin embargo, durante un periodo regido por el sol del nagual, como el que está empezando ahora, la información se vuelve accesible para los que deseen seguir el camino del guerrero de los sueños.

EL NAGUALISMO

¿Qué es lo que un practicante de nagualismo tiene que hacer? Debe empezar a entrenar su percepción y sus sueños.

Es muy importante señalar que uno no puede llamarse a sí mismo «nagual» a no ser que haya estado practicando las técnicas durante más de 52 años. Solo después de este tiempo será un *mexicatzin*, un mexica venerable, un hombre o una mujer sabios. Una persona que se llame a sí misma «nagual» antes de este tiempo o incluso antes de haber practicado las técnicas, no lo es en realidad porque no se ha entrenado ni ha recibido las enseñanzas ni la sabiduría de México.

Energéticamente, la explicación del nagualismo es muy sencilla. Cuando nos vamos a dormir, el tonal y el nagual se unen, formando un único cuerpo energético. Más adelante describiré en el libro algunas técnicas para conseguirlo. Al formarse este cuerpo energético, entramos en el estado conocido en náhuatl como *temixoch*, es decir, un sueño florido, un sueño lúcido, controlado a voluntad. También podemos entrar en este estado mientras estamos despiertos al alterar nuestro estado de conciencia, uniendo el tonal y el nagual en lo que llamamos «estado de ensoñación» o «soñar despiertos». Esto nos permite ver una realidad distinta —energía, antepasados, guías, el inframundo y el futuro— ya sea en el espejo de obsidiana, en la cara de otras personas o en alguna otra parte.

Mucho tiempo después de haberlo conseguido y de ser nuestros propios maestros, los dueños de nuestros sueños, podremos dar el siguiente paso: entrar en el sueño colectivo y en los sueños de los demás e influir en lo que llamamos «realidad». En esta etapa también podemos desarrollar otras habilidades: el sueño profético, repetir un mismo sueño a voluntad, sembrar sueños que creen nuestro estado de vigilia, renovar el cuerpo de sueño y el mayor logro paradójico del soñador, dormir sin soñar y llegar a ser así un maestro con un poder casi absoluto.

Un nagual solía decirme: «No necesitas un maestro, sino un sueño, y cuando consigas tener el mismo sueño cada noche, podrás cambiar tu realidad cuando se te antoje».

Yo no estoy totalmente de acuerdo, porque para repetir un sueño se necesita un entrenamiento muy sofisticado que solo puede recibirse hoy día de maestros que hayan adquirido esta habilidad. Pero con este sol nuevo hay otra forma de abrirse al conocimiento: aprendiendo de libros que permitan empezar a practicar.

Nuestra tradición oral es muy distinta del conocimiento académico y me gustaría señalarlo, ya que en las páginas de este libro no hay nada que se base en los conocimientos antropológicos de México. En él solo encontrarán lo que me enseñaron, la sabiduría oral que me transmitieron mis maestros, y la mayoría de las veces esta es distinta de la historia oficial.

Por ejemplo, la historia oficial afirma que los mexicas construyeron el Templo Mayor de Tenochtitlán entre las décadas de 1300 y de 1400, pero según la tradición oral este templo lo ocuparon anteriormente otros 19 pueblos indígenas. Los mexicas completaron la cifra sagrada 20 cuando los españoles destruyeron Tenochtitlán. El templo es, por lo tanto, mucho más antiguo de lo que afirma la historia oficial.

No quiero generar polémica con mis opiniones, pero el nagualismo apenas se menciona en la historia oficial, por eso la información sobre él proviene de la tradición oral. La mejor forma de averiguar si es cierto es experimentarlo uno mismo, como hice yo.

Según la tradición oral, los primeros soñadores aparecieron en Teothiuacán hace unos 50000 años (una cifra que ningún antropólogo acepta) y eran llamados «los del halo de la Luna». A lo largo de los años fueron surgiendo muchos linajes del conocimiento del sueño, pero se dividían principalmente en dos grupos diferentes que intentaban alcanzar lo mismo de distintas formas.

Los herederos directos del primer grupo del halo de la Luna son todos los linajes del conocimiento de la Luna o mexicas. No hay que olvidar que en náhuatl la Luna se llama *metzli* y también *maguey metl,* que procede de la raíz *metztli.* El *mescal,* «el que viene de la Luna», es un licor muy fuerte extraído del maguey, una planta, y fue el primer «aliado» para alterar la percepción. Las plantas sagradas como el peyote también se llamaban *mescal* y se consideraban los aliados supremos para cambiar la conciencia. Esto se consigue al acelerar el cambio natural diario de nuestra energía, con lo que el tonal y el nagual se unen, permitiéndonos percibir otras realidades como ya he dicho.

Prácticamente cualquier persona del mundo ha experimentado estos cambios en la conciencia, ya sea con alcohol o con plantas. Se han creado muchos refranes y hay uno en México que dice: «No hay fealdad que con mezcal no se arregle», significa que después de varios tragos pensamos de una forma totalmente distinta.

Como ya he mencionado, el acuerdo entre los seres de energía y los seres humanos fue que los humanos podían tomar bebidas alcohólicas hechas de plantas, pero no más de dos raciones; de lo contrario la Luna los llevaría de la felicidad a la destrucción.

Debido a este hecho, todos los linajes de la Luna empezaron su adiestramiento con aliados que podían tomarse en forma de alcohol, plantas, etc., y luego siguieron con un entrenamiento respiratorio y físico riguroso y con otras disciplinas que les permitían repetir a su antojo lo que habían experimentado con los aliados.

Una cultura antigua que apareció poco tiempo después de los linajes de la Luna fue la de los toltecas alrededor del año 1000 d. de C. Tolteca viene de la palabra *tolli*. En cierto sentido se refiere al árbol del Tule, un árbol que crecía en la zona de los olmecas antes de la aparición de la cultura tolteca. Del árbol se extraía una resina maleable, por eso *tolli* significaba «flexibilidad de movimiento», la única realidad para los mexicanos de la antigüedad. Por esta razón el árbol del Tule se convirtió en el arquetipo del movimiento, y cualquier movimiento se basaba en el cosmos, de ahí que en una segunda definición más profunda, tolteca signifique «los conocedores del movimiento del cosmos».

El segundo grupo de soñadores surgió de la civilización tolteca, y creó danzas, ejercicios respiratorios y posturas corporales basadas en las matemáticas cósmicas que alteraban la conciencia de una forma parecida a la de los aliados, aunque a diferencia de cuando se trabajaba con estos, no ocurría de inmediato. Sin embargo tenían la ventaja de que se podían ejercitar cuando uno quisiera. La mayoría de la información de este libro procede de uno de esos linajes, el linaje tol. Soy muy afortunado por haber recibido enseñanzas de este linaje.

Los pueblos indígenas más cercanos a la zona tolteca afirmaban que un tol era la medida de 365 días, un año. Pero como las matemáticas cósmicas se basan en cuatro movimientos, como he descrito antes, los cuatro movimientos de un tol equivalen a 1460 días. Se sabe que en los linajes de conocimiento el nombre «tol» solo se puede adoptar después de completar cuatro ciclos en la cuenta larga, es decir, 1460 años. La técnica que describiré en este libro tiene, por tanto, 1460 años de antigüedad, de ahí que el linaje pueda llamarse tol. No estamos seguros de lo antiguo que es, pero sabemos que si se llama tol tiene más de 1.460 años.

¿Quién puede practicar estas técnicas? Como Hugo García afirma, ser mexica no tiene por qué significar haber nacido en México, sino que quiere decir que aceptamos la influencia de la Luna y de los sueños y que somos muy disciplinados en cuanto a controlarlos. Hoy día hay muchos mexicas que no nacieron en este país y sin embargo están modificando su nagual para cambiar su tonal, de modo que pueden llamarse mexicas o toltecas. En el futuro, en el periodo del Sexto Sol, el sol de la oscuridad, habrá practicantes en todos los rincones del mundo.

Los practicantes regulares de la disciplina que tienen el valor de seguir hasta completar con éxito los 52 años de entrenamiento, se convierten en lo que se conoce como naguales o *nahualli*.

Aunque al llegar a este punto les da lo mismo el nombre que reciban, ya que los juegos externos con los que disfruta la mayoría de la gente se han transformado en internos, y los títulos o los nombres ya no significan nada para ellos.

Hay algunas referencias a los antiguos naguales o *nahualli*, pero las que existen proceden de distintas fuentes, por ejemplo:

- «Hombres sabios que fueron capaces de unir el estado de sueño y el estado de vigilia».
- «El nagual usa palabras sabias. Es dueño del hígado [se refiere a que puede controlar la rabia o la ira]. Es equilibrado: no cede fácilmente ni se propasa».
- «El nagual no se debilita por sus emociones. Ni se debilita por la serpiente venerable de Coatzin [la sexualidad]».
- «El nagual es muy comedido en sus emociones porque ha trabajado con ellas».
- «El nagual es *tlamatini,* sabio, *mictlanmatini,* un hombre sabio del inframundo, *ilhuicatlamatini,* un hombre sabio de los cielos».
- «El buen nagual es fiable, un guardián. Observa, protege, ayuda y a nadie perjudica».
- «El *nahualli* malvado usa hechizos y los lanza a los demás. Crea hechizos para seducirlos. Hace brujería. Actúa como un brujo malvado, se burla de las personas, les crea problemas».

Sin duda. uno de los dilemas fundamentales de quienes poseen este conocimiento es cómo usarlo. ¿Lo usarán en su propio beneficio, lo ofrecerán a los demás, lo enseñarán a la gente o lo utilizarán para alcanzar una muerte iluminada? En mi caso constituye un gran dilema que todavía estoy intentando resolver.

Ometeotl[6]

3 (YEI)

Xochicoponi: florecer

Me gustaría ahora hablar de expandir la conciencia, no solo en el estado de sueño, sino también en el estado de vigilia, y de lo que ocurre cuando estos dos estados se fusionan. Quisiera darles una idea de ello, aunque tal vez suponga un reto para las creencias comunes sobre la realidad.

Es la primera vez que hablo abiertamente de este tema por varias razones. En mi vida personal me ha dado miedo asustar a la gente y estropear mis relaciones personales al verme los demás como alguien diferente no porque haya estado haciendo algo malo, sino porque simplemente mi visión de la realidad no se parecía en nada a la suya.

En mi vida profesional, incluso cuando he enseñado, no he usado algunas de mis habilidades por varias razones. Una de ellas ha sido para evitar a los curiosos que solo quieren que les prediga el futuro. Es algo que no permito, porque para predecir el futuro se necesita energía, y la energía es uno de los bienes más preciados en este camino. No hay que malgastarla solo para satisfacer la curiosidad ajena. Por eso he decidido enseñar estas técnicas y no realizarlas, salvo en algunas sanaciones personales importantes o cuando realmente necesito aplicarlas por alguna otra razón.

EL RELATO TOLTECA DE LA CREACIÓN

Para entender hasta qué punto podemos desarrollar la conciencia, debemos retroceder a lo que se considera mitología, la historia de la creación del linaje náhuatl. Los que pueden ver más allá de la historia con los ojos de la percepción entenderán que este relato en realidad describe los distintos mundos o dimensiones que existen a nuestro lado.

Al principio todo era Centeotl, la energía de la unidad, la unicidad, llamada también Amomati o Itzcuauhtli, el Águila Negra, la energía de una negritud absoluta de la que todo emanó, como en la Biblia, donde la luz surgió de la oscuridad.

Para poder volar o crear, el Águila Negra miró su propio reflejo, hablando metafóricamente, con lo que creó el sujeto y el objeto. Este reflejo primordial se llamó Tezcatlipoca, el espejo humeante. Me suelen preguntar dónde se encuentra, y solo puedo responder que reside en el decimotercer cielo, lejos de este mundo y al mismo tiempo muy cerca, porque siempre hemos estado en él.

Lo primero que reflejó el espejo humeante fue la pareja sagrada, Ometecuthli y Omecihuatl, el Señor Dos y la Señora Dos, el hombre y la mujer, las esencias o energías masculina y femenina. Y esta pareja creadora engendró cuatro hijos, llamados todos Tezcatlipoca, Espejo Humeante, en honor al reflejo primigenio.

Muchas personas, entre ellas incluso académicos, consideran a los Tezcatlipocas como dioses, pero en realidad son esencias, clases de energía que están presentes en todo cuanto existe. Se expresan de forma espiritual, astronómica y, por supuesto, también humana.

A cada uno de los Tezcatlipocas le asignaron una dirección cósmica:

- *El Norte:* al Tezcatlipoca negro le asignaron esta dirección. Es el guardián de los sueños, el guardián de «la cueva» o de la esencia de cada ser en el inframundo.
- *El Oeste:* al Tezcatlipoca rojo, llamado también Xipe Totec, Señor del Desollamiento, le asignaron esta dirección y le dieron la tarea de llevar el orden a los sueños del Tezcatlipoca negro. También dirige las fuerzas del cambio, la renovación, la vida y la muerte.
- *El Sur:* al Tezcatlipoca azul, conocido como Huitzilopochtli, le asignaron esta dirección, que representa la transformación de la voluntad del guerrero. Nos guía en nuestros sueños y nos ayuda a alcanzar nuestro pleno potencial. También es un profeta, de ahí que sea el maestro de los augurios.
- *El Este:* al Tezcatlipoca blanco, Quetzalcóatl, le asignaron esta dirección, el lugar de donde surge la luz. Era el arquetipo de la luz y el conocimiento en el México antiguo.

Estos cuatro Tezcatlipocas o fuerzas llevaron el orden al sueño de Centeotl. Su movimiento, *ollin*, engendró la Ohmaxal, la

Cruz Cósmica, que lo mantiene todo en estado de cambio. Y de este cambio, de este movimiento, se originó la materia, que más tarde se transformó en las estrellas, luego en los planetas y, por último, en los seres de energía y en los seres físicos.

EL COSMOS COMO UNA FLOR

Este modelo, que ya he mencionado brevemente, es fácil de recordar porque usa una de las creaciones más bellas del cosmos: una flor.

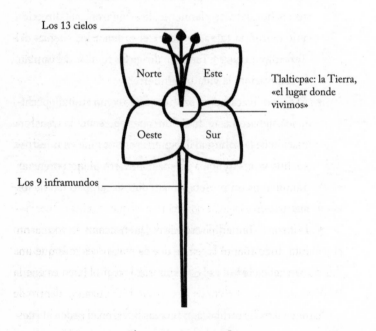

El cosmos como una flor

El centro de la flor representa el mundo físico, la Tierra en la que vivimos. Las cuatro direcciones están representadas por cuatro pétalos. En uno reside la tierra de los muertos; en otro la casa del conocimiento, la casa de los guías; en un tercero las fuerzas de la vida y la muerte; y en el último la tierra de las emociones y de la fuerza de voluntad.

En los estambres, alzándose por encima de la flor, residen los cielos, no solo los cielos físicos como los de la Luna, el viento, el Sol y las estrellas, sino también los cielos energéticos, como el cielo del movimiento y, por supuesto, el cielo del gran Centeotl, que tanto los sueña como los refleja a todos. Más abajo, en el tallo y las raíces, residen los inframundos o los lugares donde la mente está encerrada.

También hay otros símbolos de las enseñanzas antiguas. Algunos códices incluyen una imagen del Yayauhqui Tezcatlipoca, el Tezcatlipoca negro, como un hombre mirando de soslayo. Este es un gran mensaje para las personas de esta tradición, ya que mirar de soslayo y usar la visión periférica es la manera más avanzada de alterar la conciencia. El Tezcatlipoca negro tiene los ojos vendados, pero uno de ellos está abierto por encima de la venda y representa el ojo que mira más allá. Y por último, uno de sus pies ha sido reemplazado por un espejo de obsidiana en el que se refleja el cosmos.

Esta imagen contiene la esencia de las enseñanzas: todo cuanto percibimos, todo cuanto creemos que es real, no es más que una ilusión, un reflejo en el espejo primordial. El problema es que la mayoría de nosotros vivimos fascinados, hipnotizados, dentro de este espejo y hemos olvidado que el que lo está reflejando es el cosmos y que está ahí esperando a que lo veamos, a que lo observemos.

Esto ya se ha dicho en todo el mundo de muchas distintas maneras, desde la ciencia de la física, que afirma que estamos hechos de un gran espacio vacío con partículas que giran alrededor del núcleo, hasta las religiones orientales, que proclaman que somos vacuidad e ilusión y que el reino de los cielos no está más lejos que nuestros brazos o pies, etc.

En el caso de las personas valientes que se atreven a expandir su conciencia, tanto si lo hacen según el linaje de la Luna mediante plantas u otros métodos, o a través de prácticas toltecas basadas en los ciclos cósmicos, todas estas frases dejan de ser palabras y se transforman en realidad, en una realidad que puede verse y vivirse.

OTRAS FORMAS DE CONCIENCIA

En el México actual los naguales son muy temidos por la gente. Se dice que se convierten en animales que roban el ganado y devoran a los niños, y si matan a ese animal, la persona que lo ha manifestado muere al instante mientras duerme en la cama. ¿Es una leyenda o es real? No estoy seguro. Pero como practicante de nagualismo creo que esta información la difundió la Iglesia para que la gente se alejara del nagualismo. Como ya he mencionado, el nagualismo fue la escuela de conocimiento más importante en el Anáhuac, el continente americano, y se propagó desde Alaska hasta Nicaragua.

Lo que es cierto es que en el nagualismo los animales se consideran seres iguales a nosotros con una conciencia distinta, sea cual sea la opinión humana actual. A través de las danzas o de otras disciplinas intentamos transformarnos en animales de un modo que lo interiorizamos en nuestra mente y en nuestros sueños. Después podemos adoptar la conciencia de distintos animales tanto de una forma física como energética, junto con sus cualidades básicas. Más tarde, al alcanzar un nivel de entrenamiento más avanzado, adoptamos la conciencia de los elementos: la lluvia, el fuego, etc. Solo después de alcanzarlo podemos ver la flor entera: la verdad que es el vacío y también su reflejo.

En el entrenamiento del linaje tolteca empezamos aprendiendo a expandir nuestra conciencia poco a poco con la respiración y las posturas (más adelante describiré algunas de ellas), y luego por medio de distintos ángulos de visión que nos permiten acceder a otras realidades.

La idea de que el tonal, el estado de vigilia que creemos que es real, junto con todo lo que hemos soportado y disfrutado en nuestra vida, no es más que un ángulo visual, me parece de lo más fascinante. Imaginémoslo: la ilusión en la que todos vivimos es el reflejo de un espejo que existe y no existe al mismo tiempo.

PÁJAROS Y ANIMALES DEL ESTADO DE SUEÑO

A continuación describiré algunos de los animales del estado de sueño, sobre todo pájaros, y qué es lo que nos permiten ver, tanto en el estado de sueño como en el de vigilia. No hay que olvidar que en el México antiguo ambos estados eran lo mismo: *temixoch*. También debo mencionar que por lo que se refiere a los pájaros de los sueños, cuanto más elevada sea su conciencia, más alto volarán.

Comenzaremos con el colibrí, un pájaro que empieza volando muy bajo y luego se eleva casi a tanta altura como un águila real, volando hacia el Sol.

Huitzili, *el colibrí*

La percepción del colibrí en el tonal, el estado de vigilia, equivale a la visión normal. Nos permite orientarnos en el tiempo y el espacio, y todos la poseemos, a no ser que estemos ciegos. Esta clase de percepción produce la extendida creencia de que lo que vemos con nuestros ojos es todo cuanto existe. En realidad, no es más que la forma más común de ver el mundo, pero casi nadie se plantea que para poder ver los objetos que nos parecen sólidos, creamos una tensión y un alcance visual en particular que nos lo hacen posible.

La percepción del colibrí, planeando bajo, es lo que nos mantiene ocupados, volando de flor en flor, intentando encontrar el néctar de la felicidad.

En el estado de sueño la visión del colibrí es importante porque nos permite saber que estamos soñando, ser tan conscientes como en la vida de vigilia.

Alo, *el guacamayo*

Los guacamayos vuelan más alto que los colibrís. La especie más común de guacamayo en México es rojo con algunas partes blancas y azules.

Las descripciones mexicanas antiguas de lo que cada pájaro nos permite ver son increíblemente poéticas. La percepción del guacamayo nos permite ver las huellas del campo energético, el mapa de nuestra existencia. Porque cuando nos centramos con suavidad en los objetos y usamos el ángulo mínimo de nuestra visión periférica, centrándonos en el ojo derecho, podemos ver tanto la energía como la materia.

Como ya sabrán por la historia que he contado de mi vida, hay huellas de tres colores distintos:

- *Rojas:* son las huellas de la tierra en la que nacimos, las que nos han dado una identidad común con la gente de ese lugar. También son las marcas del viaje de nuestra alma o *teyolia,* las que acarrean nuestro karma, nuestros vientos antiguos. Algunos no las ven como rojas, sino como de color violeta o rosa fuerte.

- *Azules:* son las huellas o marcas que heredamos de nuestros antepasados, por eso en México tenemos el proverbio: «Si no sanas a tus ancestros, te destruirán». La obsesión que hay en México de erigir altares para complacer a los difuntos viene de este conocimiento. El proverbio no se refiere a que nuestros ancestros decidirán destruirnos, sino simplemente a que podríamos repetir los mismos patrones.

- *Ámbar o blancas:* estas huellas son la mezcla de las huellas azules y rojas que nos dan una experiencia en el estado de vigilia. Además de recibirlas de nuestros antepasados y del viaje de nuestra alma, también las podemos obtener adquiriendo conocimientos espirituales de nuestros maestros. Son las huellas más valiosas que podemos adquirir, las que un linaje de conocimiento y sabiduría deja impresas en nuestra energía.

Me gustaría mencionar un detalle muy interesante: para hacer que algo se manifieste en el tonal, el estado de vigilia, necesitamos una huella roja y una azul a fin de producir el *ometeotl*, la fusión de ambas energías, que creará una huella blanca o ambarina. Este será el conocimiento que adquiriremos tras experimentar lo que manifestemos, sea lo que sea. Lo adquiriremos tanto si la experiencia nos gusta como si no, tanto si es agradable como dolorosa. Por ejemplo, si existe algún vestigio de depresión entre nuestros antepasados, tendremos algunos de estos vestigios en nuestra propia energía. Pero si no hay esta clase de vestigios en nuestra *teyolia*, el viaje de nuestra alma, en este caso el *ometeotl* no se producirá y no crearemos las huellas blancas de vivir con una depresión. Sin embargo, transmitiremos las huellas y si, por ejemplo, uno de nuestros hijos tiene la huella roja para añadir a la azul heredada, tendrá episodios graves de depresión.

La utilidad de desarrollar la percepción del guacamayo es que, cuando tenemos problemas, podemos detectar las dos clases de huellas que nos están agitando. Yo sugiero distintas formas de hacerlas desaparecer y de cambiar realmente: son las técnicas que enseño en los seminarios que imparto por todo el mundo.

El vuelo del guacamayo en el estado de sueño nos permite ser mucho más conscientes que con el vuelo del colibrí, ya que nos hace advertir algo sumamente importante cuando empezamos a soñar: el color de nuestros sueños. Si son rojos, los más comunes, indican la creación de nuestro futuro; si son azules, se trata de sueños proféticos; y si son blancos, nos están transmitiendo una información espiritual.

Quetzalli, *el quetzal*

El tercer pájaro del estado de sueño es el quetzal, uno de los pájaros más sagrados de México. Actualmente solo se encuentra en la zona maya, pero en el pasado volaba por el gran Tenochtitlán.

A la sombra, este pájaro tiene un plumaje verde jade precioso, pero cuando vuela hacia el sol sus plumas se vuelven iridiscentes. Su forma física desaparece del todo y se transforma simplemente en un espectro de colores.

Con la percepción del quetzal, en la que adquirimos un ángulo distinto de visión y centramos nuestra atención en el ojo izquierdo, podemos lograr, como el quetzal, que la forma física desaparezca y manifestarnos en otras dimensiones que están esperando a que las observemos. Entonces, al estar despiertos en un estado de ensoñación, veremos la cara de una persona cambiar ante nosotros y podremos observar a sus antepasados y sus vidas anteriores, y descubrir que siempre habían estado ahí, que nunca nos habían abandonado y que el tiempo no existe.

Otra forma de percepción relacionada con la del vuelo del quetzal es cuando el cuerpo físico que hay frente a nosotros desaparece y se transforma en energía pura. Cuando nuestra percepción no está lo bastante afinada lo percibimos como un solo color, como una clase de energía. Pero no hay nada más emocionante que ver cómo los cuerpos energéticos se separan: el tonal de un vivo color ámbar alrededor de la cabeza y el nagual blanco azulado, como el halo de la Luna, alrededor del ombligo. Es absolutamente fascinante ver cómo cambian de posiciones cuando alguien está durmiendo. Pero es incluso más increíble ver lo que sucede cuando alguien entra en el estado de *temixoch*, es decir, cuando empieza a soñar con lucidez o cuando está soñando despierto, ya que entonces las dos energías se unen y adquieren un color rojizo. A los soñadores lúcidos se les identifica fácilmente de esta forma y, créanme, solo algunos de nosotros somos capaces de soñar con lucidez, aunque la gente afirme lo contrario.

Itzcuauhtli, *el Águila Negra*

El vuelo más elevado de todos es el del Águila Negra, que siempre mira de soslayo y que está dotada de una gran visión periférica. Este tipo de visión nos permite ver lo que muchas tradiciones han descrito: la verdad frente al espejo y su reflejo.

Con esta clase de percepción todo desaparece y se vuelve oscuro. Como es natural, se trata de un proceso gradual. Al principio desaparecen algunas partes del cuerpo o de la habitación. Más adelante, cuando dominamos esta técnica, podemos producir el mismo efecto con los ojos abiertos. Lo único que percibimos entonces es oscuridad. Así logramos entrar en el lugar sagrado del gran nagual, Centeotl, el Águila Negra, llamado también Amomati, el estado de sin mente.

A comienzos de la década de los noventa me volví muy famoso en México por mi técnica curativa basada en esta percepción. Hacía desaparecer a la gente, la enviaba al vacío, y luego la traía de vuelta a la percepción del colibrí de una forma muy distinta a la habitual. Pero al cabo de un tiempo lo más gratificante para mí no era curar a los demás, sino enseñarles a hacerlo por sí mismos. Comprendí que los efectos curativos se podían reproducir y que la gente podía aprender esta técnica sin tener que pertenecer a un grupo secreto, que era la forma en que hasta entonces se había transmitido. En la actualidad, gracias a esta técnica, en mi país tenemos un montón de sanadores excelentes.

En el estado de sueño la visión del Águila Negra consiste en alcanzar lo que en náhuatl se conoce como *cochitzinco*, el aspecto venerable del estado de sueño. La gran paradoja es, como he mencionado antes, que ser un maestro del sueño no significa poder soñar, sino ser capaz de dormir en la oscuridad más absoluta. En este momento de mi vida puedo afirmar que lo he logrado varias veces, pero todavía he de practicar mucho para estar dormido toda la noche sin soñar. Pero lo he vivido y no hay palabras para describir la experiencia increíble de estar tendido durmiendo en la oscuridad en movimiento.

Tecolotl, *el búho o el búho orejudo*

Para llegar hasta aquí tenemos que haber recorrido un largo camino. En primer lugar necesitamos las habilidades del águila a fin de entrar en una oscuridad absoluta, el estado preferido del búho, ya que puede verlo todo en medio de la oscuridad. Es decir, tiene una visión infrarroja, los ojos rojos que siempre aparecen en las descripciones del nagual. Otra característica del búho es poder girar la cabeza 360 grados, y aquí es donde reside el secreto de este nivel de percepción: alcanzar el ángulo visual que nos permite mirar nuestro interior, activar el cerebro reptiliano y obtener las respuestas a sea lo que sea que queramos saber.

No uso esta percepción demasiado a menudo porque da cierto miedo ser capaz de saber todo lo que deseas, pero aporta un gran poder.

En el estado de sueño podemos usar el nagual del búho para hacer cualquier pregunta y la respuesta se manifestará esa misma noche o a la siguiente. También podemos sumergirnos en los registros de la humanidad. He visto muchas cosas que han pasado en este planeta que no se mencionan en los datos históricos.

Huitzilopocthli, *el colibrí volando hacia la izquierda*

Los académicos que han estudiado a los aztecas o mexicas coinciden en que su deidad más importante, según la tradición oral, era el colibrí azul. Se dice que hace mucho tiempo, en un sueño, el colibrí ordenó a la tribu azteca más débil que se separara de las otras tribus y que cambiara su nombre por el de mexicas. Varios días más tarde, mientras comían, vieron a un colibrí posarse en la copa de un árbol que se partió en dos pedazos. Era la señal que habían estado esperando para separarse de las otras tribus y superar su debilidad. Así lo hicieron y se convirtieron en uno de los pueblos indígenas más avanzados en el

Anáhuac. Estaban tan desarrollados que al llegar los españoles tuvieron que calumniar a los mexicas para justificar su destrucción. A pesar de ello, heredamos su sabiduría y las huellas rojas de nuestra tierra están ahora cobrando vida por todo el mundo.

Huiztilopochtli, el colibrí volando hacia la izquierda, también se conocía como *Tetzahuitl*, el señor de la profecía. En el estado de vigilia un colibrí al revés, como un murciélago, significa la muerte.

Para adquirir la percepción de un colibrí volando hacia la izquierda empezamos moviendo la cabeza lateralmente hasta crear el vuelo hacia la izquierda con los ojos. Entonces veremos la cara de una persona envejeciendo, dirigiéndose al futuro, aunque de hecho haya estado en él todo el tiempo. Es como hacer preguntas desde la percepción del búho, sabiendo que las respuestas están ahí porque el futuro ya ha ocurrido.

Aquí nos enfrentamos a otro dilema: ¿debemos pasarnos la vida observando y aprendiendo, o experimentando y descubriendo? Todavía no sé la respuesta.

Huitzilaman, *el colibrí volando hacia la derecha*

Huitzili, el colibrí, también puede tomar otra dirección, volando hacia la derecha. Hay que tener en cuenta que en nuestra tradición, como en muchas otras, la nariz de una persona, en lo que respecta a la energía y no a la geografía, siempre apunta al Norte. Su lado derecho, por tanto, siempre apunta al Este. En nuestra tradición esta dirección se conoce como Tlauhcopa, el lugar a cuyo lado surge la luz. La luz siempre será el símbolo del conocimiento, de la creación: la transformación de la oscuridad en luz. Quetzalcóatl, el arquetipo de la iluminación o de la sabiduría del México antiguo, vive en esta dirección.

Cuando volamos hacia la derecha con los ojos estamos usando un ángulo periférico de visión, y al mirar a los demás podremos ver sus aliados, las fuerzas que les guían y que trabajan con ellos. Hay quien dice que estos seres estelares son los que nos dan consejos a todos. Cuando volamos hacia la derecha también podemos observar las fuerzas de los seres de energía que se conocen tradicionalmente como *pipitlin*.

En una ocasión, mientras daba una conferencia en Canadá, uno de los aprendices sabios procedentes de este país se me acercó al terminar la explicación de este proceso y me dijo: «Usted hace exactamente como yo, cuando giramos la cara cambiando de ángulo podemos ver seres infinitamente sabios, seres a los que algunas personas han visto por casualidad y luego han inventado historias acerca de ellos, como la del Pie Grande. Pero no compartimos este conocimiento para evitar que se corrompa».

En el estado de sueño, los sueños vistos con los ojos del colibrí volando hacia la derecha siempre van precedidos de una luz blanca o neblinosa, y en esos sueños nuestros guías, los *piptilin*, los seres benevolentes y geométricos, nos instruirán, preparándonos para el camino de la conquista de nuestra luna para que alcancemos nuestro sol. A veces nos dan órdenes que parecen ilógicas, pero debemos cumplirlas.

Hace varios años soñé con Popocatepetl, una de las montañas más sagradas de México, y me ordenó que fuera a los Andes para aprender a trabajar con las montañas mexicanas. Después de tener este sueño tres veces viajé al Perú para adquirir este conocimiento.

Como había soñado con él, por supuesto lo encontré. Hice amistad con Vilma Pinedo, la heredera de uno de los linajes de conocimiento más importantes de los Andes, y aprendí una tradición muy distinta de la de los toltecas, centrada en la naturaleza y llena de belleza y poesía. Y también a hacer amistad con los elementos.

Más tarde descubrí por qué mi montaña me había enviado a ese lugar. Había pasado mucho tiempo formándome en la tradición del sueño mexica y estaba rodeado de gente que tenía las mismas flaquezas que yo, aunque tuvieran la mejor intención del mundo. Sabía que en el viaje de poder siempre llega un momento en el que te acaban atacando, y fue exactamente lo que a mí me ocurrió en el Perú. Allí tuve que luchar con alguien del linaje por unas razones que no vale la pena mencionar, y le dije unas cuantas verdades como: «Debes disculparte por haber ofendido a tus montañas, tus maestros y tus antepasados».

Aquella noche, mientras soñaba, alguien me dijo que me despertara. Y de pronto vi junto a mi cama una serpiente con las fauces abiertas a punto de morderme. Era la primera vez que veía con mis propios ojos lo que tantas veces me habían dicho que se podía hacer: materializar el nagual, el cuerpo energético, para atacar a alguien y matarlo. No sé cómo se llama el nagual en el Perú, pero mi adversario sin duda sabía usarlo. La serpiente parecía muy real. Se abalanzó sobre mí y por primera vez lancé mi nagual para luchar bajo la forma de un águila. Fue un encuentro muy encarnizado, pero el nagual de mi adversario se disolvió en energía en un santiamén. Gané la batalla.

Fue entonces cuando entendí por qué había estado en el Perú tantas veces. Agradecí la experiencia que había tenido, sabiendo que ya no me quedaba nada más por aprender en aquel lugar. Ahora estaba preparado para las lecciones más avanzadas en México.

Desde ese día no he vuelto al Perú y no creo que vuelva nunca más. Incluso después de ganar una batalla tenemos que sufrir las consecuencias —algo de lo que no era consciente en aquella época— porque nuestro nagual se puede dañar, y eso fue exactamente lo que me pasó. Perdí absolutamente todo interés por la vida y por el camino espiritual y me hundí en una depresión muy profunda. Perdí el deseo de enseñar y me volví muy informal, solo daba cursos solo de vez en cuando. Ahora sé que perdí mucha energía y que no tenía la bastante para compartir. Probablemente todavía no la haya recuperado del todo.

Pasó mucho tiempo antes de que aprendiera a reparar mi nagual. Después del encuentro de aquella noche estuve durante años seriamente herido, pero sé que quien me atacó quedó en muy mal estado.

Colotl, *el escorpión*

Por el momento solo he descrito los pájaros de los sueños que pueden elevarse por los cielos físicos y energéticos. Sin embargo, también hay muchos otros animales en el estado de sueño, animales que reptan, corretean o se meten bajo tierra, o en cuevas, y que pueden llevarnos a muchos lugares distintos en el mundo fascinante de los sueños.

Uno de mis animales preferidos es el escorpión, que está relacionado directamente con el inframundo. Los académicos piensan que los mexicanos de la antigüedad creían que al morir iban al inframundo, pero esto no es más que un fragmento diminuto de la verdad. Si morir es como dormir, el inframundo es, por tanto, el lugar al que vamos en nuestros sueños, el lugar donde nuestra mente está reducida y donde nos vemos obligados a recrearnos.

En el inframundo es donde repetimos los patrones que ya hemos experimentado. Donde afrontamos los problemas pendientes, toda la inercia de nuestros antepasados, todas nuestras emociones irresolutas, todos los vientos antiguos.

Pero lo que solo saben los grupos de soñadores es que en el inframundo, o mundos, o cuevas, viven los *yeyellis*, los seres de energía no geométricos que se alimentan de emociones destructivas y que son los responsables de orquestar los sueños en los que generamos las emociones que necesitan. A la mañana siguiente no recordaremos nuestros sueños, pero como el estado de sueño crea el tonal, los experimentaremos en la vida de vigilia.

Tarde o temprano tendremos que descender a los inframundos por medio de un sueño florido para detener esos sueños, y también la inercia, y romper su conexión con los yeyellis. Superar nuestras flaquezas es un proceso muy complejo y, sin embargo, muchos de nosotros estamos intentando hacer todo lo posible para lograrlo.

En el estado de vigilia hay una postura visual que estimula la cola del escorpión y nos permite ver, al mirarnos al espejo, a los yeyellis alimentándose de nosotros. Al hacerlo entendemos dónde ha quedado atrapada nuestra mente. También podemos ver esto en otras personas al observar su cara.

Hay muchos otros animales y formas de percepción que no describiré en este libro porque creo que los que ya he citado bastan para tener una buena idea de los mundos por los que nos podemos mover. Alterar la respiración y los movimientos oculares no son las únicas maneras de ir a esos mundos.

Los linajes de la Luna tienen muchas otras formas de hacerlo. Por supuesto, la primera y más fácil es con la ayuda de los aliados: las plantas o el mezcal usados para alterar la conciencia. Pero también hay otras formas menos conocidas igual de eficaces. Por ejemplo, para ver el mundo a través de la mirada de un animal debemos ponernos una pequeña cantidad de sus secreciones oculares en nuestros propios ojos. Algunos practicantes someten su cuerpo a ayunos y baños de vapor —en los temazcales—, y el esfuerzo físico altera su percepción. Otros consagran y disecan animales y los reducen a polvo para absorberlo sublingualmente. Y otros usan partes de animales, por ejemplo el ano de un coyote, para hacer un anillo que les dará vigor sexual y juventud. Los cincuenta mil años transcurridos nos han dejado un montón de conocimientos. Y en México todos los que seguimos este camino hemos probado una o varias de estas prácticas y nos han acabado llevando a nuestra vida actual.

En el pasado me crié en una familia católica, quería ser actor, y en la actualidad vivo en la ciudad, y unir todas estas partes de mí ha sido un largo viaje. Pero hoy puedo decir que respeto la fe católica, participo en los rituales familiares y me sigue gustando el arte escénico y las ciudades mucho más que la naturaleza, pero al mismo tiempo he descubierto otros mundos y me muevo por ellos a voluntad.

Y ahora entiendo un símbolo muy poderoso en el nagualismo: una cara en la que una mitad está viva y la otra es una calavera, representa el que vive en ambos mundos, el tonal y el nagual, en el estado de sueño y en la realidad del estado de vigilia.

Ometeotl

4 (NAHUI)

Quetzaltzin: cómo ser un soñador

Según la tradición tolteca, como ya he explicado, el estado de sueño produce cuatro veces más energía que el de vigilia, por eso los mexicanos antiguos preferían cambiar su vida en el estado de sueño en lugar de hacerlo en el de vigilia. Esto tiene una gran ventaja para los que acaban de iniciar el camino de aprendiz del nagual, pero por otro lado también supone un gran obstáculo, porque para controlar nuestros sueños necesitamos cuatro veces más energía de la que usaríamos si durmiéramos normalmente.

¿Dónde perdemos entonces nuestra energía? La respuesta es sencilla: en el estado de vigilia. ¿Por qué? La mayoría nos hemos hecho una idea de nosotros mismos basada en la historia que recordamos, pero en realidad no existe en nuestra vida presente. De modo que gastamos toda nuestra energía intentando mantener vivas nuestra historia e identidad. Esta ilusión nos hace a la mayoría oír una voz en nuestra cabeza que nos ataca, limitándonos con pensamientos como: *Mi vida es muy triste porque mis padres me maltrataron, no consigo un trabajo por la crisis económica, tengo una enfermedad terminal,* etc.

La mayoría estamos atrapados en creencias y paradigmas antiguos, y justificamos nuestra forma de vivir tanto en nuestro fuero interior como ante los demás. Es como si viviéramos en un sueño y soñáramos mientras vivimos. Según la tradición tolteca, creamos un enemigo en nuestro interior, *yaotl* en náhuatl, que nos sabotea y nos pone en situaciones muy difíciles, nos causa problemas con otras personas y nos enfrenta a nuestros defectos una y otra vez hasta que nos mata de una forma u otra: con una enfermedad, un accidente, una adicción o de tristeza. Vivimos en una celda invisible, que ya he mencionado, los mexicanos antiguos la llamaban «la prisión invisible de la Luna». ¿Y quién es la Luna? El espejo del Sol, otra ilusión. Por eso Nuestra Señora de Guadalupe se representa de pie encima de la Luna, simbolizando el haberse liberado de su sueño sin sentido.

Durante un sol de luz, como el Quinto Sol que está a punto de finalizar, estas enseñanzas se mantienen en secreto y la mayoría de la gente sigue las reglas del tonal, es decir, miran fuera de sí mismos y aceptan que su buena o mala suerte es la voluntad de un dios exterior.

Pero durante un sol de oscuridad, como el que acaba de empezar, volvemos a mirar en nuestro interior. Intuimos nuestra conexión con el Águila Negra o el Gran Nagual, y el soñar vuelve a ser el punto medio entre un estado de sin mente y lo que consideramos la realidad cuando estamos despiertos.

PERCEPCIONES DE REFLEJOS INVERTIDOS

¿Qué es lo que consideramos la realidad cuando estamos despiertos? A decir verdad, basamos nuestras creencias en algo que ni siquiera conocemos, porque si nos lo planteamos, solo podemos ver nuestras manos y otras partes de nuestro cuerpo, y nunca nuestro rostro. Solo nos conocemos por nuestro reflejo en el espejo, en el agua o en cualquier otra superficie en la que nos reflejemos. Sin embargo, vemos una imagen invertida de nosotros mismos, porque como nuestra derecha es nuestra izquierda empezamos a percibirnos de forma errónea. También basamos nuestra vida en lo que los demás dicen de nosotros, en gente que no nos conoce ni por asomo, ya que ni siquiera se conoce a sí misma. Y lo más sorprendente es que esto es lo que consideramos la realidad. Pero no son más que percepciones de reflejos invertidos.

Armando me dijo en una ocasión algo que me impactó muchísimo: «¿Estás seguro de que lo que tú ves en el espejo es lo que ven los demás cuando te están mirando? Nunca lo sabrás. ¿Crees que vale la pena seguir siendo como los demás creen verte o como tú crees verte en el espejo?».

Decidí que no valía la pena y fue entonces cuando elegí comprometerme a crear mi propio sueño y mi reflejo. En el linaje tolteca el camino de un soñador empieza en el espejo con sus propias ideas, en las que algunas son peores que otras.

Mira tu reflejo en un espejo y piensa en lo que sabes de ti. ¿Es real? ¿No es más que una idea? ¿Puedes tocarlo? Cuestiónate lo que te gusta de ti y lo que crees que es tu identidad. Párate a pensar en ello durante unos momentos. Si tu imagen se reflejara en un lago, ¿qué descubrirías de ti? Podrías ahogarte mientras te contemplas en el agua, como le sucedió al joven Narciso en la mitología griega.

A muchas personas les da miedo conocerse a fondo porque saber quiénes fueron en otras vidas podría hacerles ver cosas que no quieren ver, como el sufrimiento y la muerte. Pero esta vez puede ser distinto, mucho mejor.

Tantos los mexicas como los toltecas coinciden en que identificarnos con nuestra cara y nuestra historia personal es un obstáculo para cambiar la forma en que soñamos. Otro problema es no aparecer en nuestros sueños. Si siempre somos un mero espectador o si seguimos soñando y mirando nuestra imagen actual, seguiremos generando los mismos patrones, aunque en escenarios distintos, repitiendo las mismas cosas incesantemente como lo hacemos en el estado de vigilia. Como decimos en México, «Es el mismo infierno, pero con distintos diablos», refiriéndonos a que es el mismo sueño, pero con distintos personajes y escenarios.

Como he mencionado antes, el tonal y el nagual son distintos cuerpos de energía que se mueven cada vez que viajamos entre el estado de vigilia y el estado de sueño, o cuando nos encontramos en un estado alterado de conciencia y podemos ver a través de los ojos de los animales. Sin embargo, la mayoría de la gente tiene el tonal y el nagual separados y viven solo en el tonal, solo en esta dimensión.

Ayer di una conferencia sobre nagualismo en Amsterdam y una de mis alumnas de la clase de percepción mencionó que al alterar su respiración como yo le había enseñado vio tres partes de la flor cósmica, tres escenas distintas, simultáneas. Para ella fue una experiencia impresionante.

Hace un tiempo asistí a una de las conferencias de Christa Mackinnon.[1] Ha realizado la tarea asombrosa de combinar la psicoterapia y el chamanismo, y nos contó el ejemplo de un chamán africano que había estado a punto de morirse de hambre y que había sufrido toda clase de contrariedades en su vida. Cuando llegó a Europa, exclamó: «¡Qué pobres sois!». Ella le pidió que le explicara la razón, y él repuso: «Vosotros solo vivís esta realidad, habéis perdido el contacto con vuestros antepasados, con la Tierra y los cielos, y vuestros rituales han perdido su significado real».

Coincido con el chamán en que la mayoría de la gente se ha convertido en su propio reflejo y ha olvidado quién lo refleja: ese ser que no se conoce a sí mismo y existe en distintos escenarios y dimensiones. El nagualismo nos da la oportunidad de dejar de ser pobres, de llevar una vida en muchos tiempos y espacios diferentes simultáneamente, cuando lo deseemos.

Después de observarnos en el espejo durante largo tiempo dejamos de ser solo un reflejo. Nos volvemos de nuevo el reflejo *y* lo que refleja de verdad, el tonal y el nagual.

Xayaca: *las máscaras*

Cuando soñamos seguimos siendo el mismo personaje que en la vida de vigilia. Y usar la misma identidad provoca, sin duda, que nos repitamos una y otra vez, tanto en nuestros sueños como en nuestra vida.

Por esta razón, lo primero que hacemos en el linaje Tol es romper el vínculo entre nuestra cara y nuestro pasado poniéndonos máscaras (*xayaca* en náhuatl) frente a un espejo, como explicaré más adelante en este capítulo. Lo cual nos permite cambiar la forma de dormir y, por tanto, la forma de vivir.

Esta práctica, llamada *quetzaltzin*, literalmente «el quetzal venerable», tiene muchas ventajas. El quetzal es uno de los pájaros sagrados de México, aunque por desgracia en la actualidad es una especie en peligro de extinción. Como ya he mencionado, cuando vuela pierde su color verde y se transforma en colores iridiscentes. Por eso la práctica de cambiar nuestra imagen frente al espejo lleva el nombre de este pájaro.

En la tradición tolteca intentamos evitar los sueños en los que somos un mero espectador que no toma parte en ellos. Hay varias razones para ser un espectador mientras soñamos. La primera y más importante es que no estamos acostumbrados a observarnos en el estado de vigilia. Al mirarnos al espejo solo vemos una parte de nuestro aspecto externo, porque usamos el espejo solo durante breves momentos para peinarnos o comprobar nuestro aspecto, y cuando soñamos creamos la misma visión parcial de nosotros mismos.

Soñar siempre requiere un observador o un espectador que pueda recordar los sueños y más tarde transmitirnos mensajes, ya sea directamente en sueños lúcidos o, cuando estamos despiertos, mediante las experiencias de la vida. Normalmente cuando soñamos el tonal desconecta del sueño mientras que el nagual lo presencia y nos transmite un mensaje que solo recibimos a través de las experiencias de la vida. El camino del nagual es totalmente distinto: debemos observarnos en el espejo en el estado de vigilia durante espacios más largos. Solo así adquiriremos el hábito de observarnos a nosotros mismos y entonces, cuando estemos soñando, el nagual participará en el sueño como un actor. El tonal se verá a su vez obligado a observar, interpretar y cambiar las cosas en el sueño mientras ocurren. Es un gran paso, porque significa entrar en el estado de *temixoch* o sueño florido, que se conoce por todo el mundo como «sueño lúcido», aunque va mucho más allá, ya que es más consciente y controlado.

Xacaya: las máscaras, un regalo de Hugo, mi maestro,
para mi aprendizaje

La poca atención que una persona del montón presta a su entorno es bastante alarmante. Es como dejar de ser consciente de él y elegir existir solo a través de las experiencias de la vida. Sin embargo, hay unas cuantas personas que han advertido algo curioso y sumamente importante en la práctica del sueño lúcido y de soñar despiertos: la nariz. Cuando miramos algo estando despiertos, la única parte de nuestra cara que podemos ver es la punta de la nariz. Después de todo, es el mundo exterior. De ahí que para los toltecas el mundo exterior, y el hecho de ser conscientes de él, esté relacionado con la nariz. Por otro lado, cuando soñamos vemos imágenes sin que la punta de nuestra nariz esté presente, algo que el nagualismo usa para distinguir el estado de vigilia del estado de sueño. Nos valemos de unos ejercicios en particular para confirmar si podemos vernos la punta de la nariz o no, que en los siguientes capítulos explicaré con más detalle.

Volviendo al tema de la práctica de observarnos a nosotros mismos, para hacerlo necesitamos dos clases distintas de máscaras: una o dos máscaras de nariz muy prominente, que representan el tonal, y otras de nariz chata, por ejemplo las máscaras de animales, los primeros arquetipos usados en el nagualismo, que representan el nagual.

Esta distinción es muy importante, porque constituye un factor decisivo en las lecciones avanzadas sobre cómo morir. Si no podemos vernos la punta de la nariz significa que estamos dormidos o muertos. Si morimos siendo conscientes de ello, nuestra mente no quedará atrapada en ninguno de los inframundos después del cambio definitivo que constituye la muerte.

QUETZALTZIN, EL QUETZAL VENERABLE: LOS RELATOS VENERABLES DE NUESTRA VIDA

Quetzaltzin es lo que se conoce mundialmente como recapitulación. En el linaje Tol hay muchas clases distintas de recapitulación que describiré a continuación. Son los primeros ejercicios que debe realizar cualquiera que desee ser con regularidad un soñador lúcido en la tradición tolteca-mexica.

INNETLAPOLOLTILIZ:
«EL ACTO DE DESPRENDERSE DE SÍ MISMO»

Haz este ejercicio con una de las máscaras de nariz prominente.

De pie frente a un espejo empieza a narrar la historia de tu vida. Cuenta en voz alta tus problemas, tus preocupaciones... exactamente como lo harías si estuvieras con un psicoterapeuta. La única diferencia es que tú eres tu propio terapeuta. Eres capaz de unir el tonal y el nagual, la mente consciente y el inconsciente, y no necesitas a nadie más para encontrarte a ti mismo.

Haz este ejercicio durante 30-45 minutos aproximadamente, cada día y a lo largo de 36 días. Habla simplemente de quién crees ser, de tus problemas y de otras cosas parecidas mientras te sientes totalmente libre de tu vida actual.

Este ejercicio produce unos efectos muy importantes. En primer lugar, al obligarte a mirarte a ti mismo, dejas de ser un mero espectador para convertirte en el actor que dirige su propia obra. En segundo lugar, al dejar de identificarte con tu cara de la vida actual y empezar a verte con una máscara, ocurre una de las curaciones más interesantes que he vivido en mi propia piel: a medida que pasa el tiempo, la historia de tu vida y tu cara se van desligando, hasta que el vínculo se rompe del todo. En cuanto esta relación desaparezca, la historia de tu vida dejará de afectarte y serás libre.

Algunos de mis alumnos me han contado que se les fueron los síntomas de enfermedades muy graves simplemente haciendo este ejercicio con las máscaras. Tu mente deja de asociarte con el problema y entonces la situación cambia.

Haz el primer ejercicio de recapitulación con las máscaras del tonal, las de nariz muy prominente, porque debes ser muy exacto con la duración del tiempo de la sesión, pero puedes ir cambiando de máscaras a lo largo de ella. Simplemente déjate llevar por tu intuición y cambia de máscara cuando sientas que es el momento oportuno.

Ahora empezaré a narrar partes de mi propia experiencia frente al espejo con una máscara puesta. Al principio, hablé de mi padre, siempre ausente, y de los maltratos emocionales y físicos que padecí de mi hermano, de cómo sufría cada vez que me pegaba y de lo negativo que esto era para mi autoestima. También admití que a medida que crecíamos yo triunfé en la vida antes que él, lo cual me dio una gran satisfacción. Hablé de la rigidez de mi madre, que me hacía llevarle la contraria en muchos sentidos: yo siempre hacía lo que a ella más le enojaba.

Pero ahora estoy muy agradecido por todo eso. Pese a ser indignante, veo claramente que crecí en la familia adecuada. Esas experiencias me han permitido encontrar mi lugar en el universo. De no haberlas vivido ahora no pertenecería a la tradición antigua del soñar y llevaría en su lugar una vida normal. También me han permitido analizar mi timidez y mi fracaso en las relaciones, y al mismo tiempo mis éxitos.

Al principio todas estas cosas me afectaban mucho emocionalmente, pero con el paso del tiempo empezaron a perder importancia. Al decimoquinto día descubrí que la historia de mi vida ya no me importaba. Ni siquiera me la creía. Mientras cambiaba de máscaras hubo momentos en los que me empecé a reír de las situaciones vividas. Hasta me pude reír y todo de lo que en aquella época había sido una tragedia. Por fin llegué al punto en que ya no tenía nada más por decir y me pasé el resto del tiempo mirándome al espejo cubierto con distintas máscaras e identidades.

Al terminar el proceso, algo había cambiado en mí. Por eso ahora puedo escribir sobre los distintos episodios de mi vida, porque ya no me afectan. Ya no me hacen sentir mal. Todo aquello ha desaparecido.

Pero lo más importante fue cómo cambiaron mis sueños: cada vez los fui viviendo con más lucidez, empecé a aparecer en mis sueños y, lo que es más importante, cuando me veía en ellos podía cambiar de forma para adoptar otra. Experimenté las metamorfosis de transformarme de humano en serpiente, en jaguar y en planta. Por primera vez empecé a controlar mis sueños y también mi vida.

Ahora que escribo sobre ello me siento como si estuviera escribiendo sobre la vida de otra persona, porque realmente me desprendí de mí mismo en el proceso, pero al hacerlo gané mucho más.

En los siguientes ejercicios alternarás las máscaras narigudas con las de nariz chata. Estos ejercicios son más relajados, no es necesario hacerlos durante un espacio de tiempo determinado y puedes concluirlos cuando sientas que ya no tienes nada más que decir, cuando sientas que un tema ya está superado, que ya está resuelto. No obstante, cuanto más cambies de máscaras con regularidad, más importantes serán los resultados obtenidos. Y, además, también podrás cambiar más de forma en tus sueños.

OQUINNOTZ: «EVOCACIÓN»

De pie ante un espejo con una máscara puesta, empieza esta vez a relatar un episodio distinto de tu vida, uno que guarde relación con tus primeros sentimientos destructivos.

¿Cuál fue la primera emoción que sentiste? Revive la sensación y habla de todo lo que recuerdes del episodio: la cantidad de veces que la sentiste, qué fue lo que la causó. Háblale al espejo hasta que no tengas nada más que decir de tu sentimiento, hasta que esté totalmente desligado de tu cara y lo único que puede sea algo vivido por una máscara, por el personaje que estás resentado.

En mi caso, analicé dos sentimientos distintos: de rechazo y de miedo. Revivir esta clase de sentimientos significa afrontar nuestra oscuridad, pero si nos centramos en esas emociones con el paso del tiempo empezarán a desaparecer. Los sentimientos reprimidos aflorarán, pero ahora los estará experimentando una cara distinta y por fin dejaremos de ser los que cargan con las cicatrices. Llega un momento en que nuestras antiguas emociones nos dejan indiferentes. Y es entonces cuando entendemos realmente la frase sobre el nagual: «el nagual es muy comedido en sus emociones porque ha trabajado con ellas».

No tiene sentido seguir describiendo lo que experimenté ante el espejo porque es distinto para cada uno. Pero mientras daba mis cursos me preguntaron muchas veces cómo se manifestó todo esto en mi vida. Lo único que puedo decir es que dejé de ser un niño y un joven lleno de miedo con una necesidad inmensa de amor y me convertí en una persona distinta, sin ataduras ni miedos, ni siquiera a la muerte, algo que me permite ahora vivir y dormir con plena libertad.

Pepechtzin:
«Base» y «sustento»

Esta vez, cuando le hables al espejo sobre tu vida, recuerda las personas que crearon la base de los sentimientos destructivos y los sustentaron. Normalmente son fáciles de recordar, ya que muchas veces esas personas pertenecen a tu familia. Y pese a quererlas, sentaron las bases para que te volvieras una víctima o un tirano.

Con la máscara puesta, mírate al espejo y háblales a esas personas. Háblales de todo lo que recuerdes de tu relación con ellas, de cómo te hirieron, de cómo las heriste. Analiza la dinámica de esas emociones hasta que los sentimientos ya no te afecten. Aprovecha esta oportunidad para expresar lo que siempre quisiste decirles, aunque ya estén muertas. Las máscaras te desvincularán de esos sentimientos y entonces sucederá algo de lo que muchos hablan pero que muy pocos consiguen: el perdón, que en este caso siempre va unido a la indiferencia.

Mientras hablaba ante el espejo tuve que enfrentarme a muchos episodios dolorosos de mi vida, a menudo relacionados con mi madre y mi hermano, y también con algunas de las personas que habían trabajado conmigo y que traicionaron mi amistad por culpa de la ambición o del dinero. Pero al final nuestra mente, o *mati* en náhuatl, asocia la máscara con esas experiencias y de la misma forma que un actor deja de ser su personaje al final de la actuación, cuando terminamos la sesión frente al espejo nos quitamos la máscara y también dejamos la experiencia atrás. En nuestro inconsciente, nuestra cueva, no emos tenido esa experiencia, ha sido el personaje que encarnamos quien la ha vivido.

Huehuetzin:
«El anciano venerable»

Este ejercicio solo se realiza una vez, o dos si realmente necesitamos repetirlo, pero es preferible ejecutarlo una sola vez en la vida. Hazlo entre las 6 de la tarde y las 6 de la mañana, hora local.

De pie frente al espejo con una máscara puesta, analiza todas las ideas que recibiste sobre la sexualidad, lo que se conoce en la tradición tolteca como «la serpiente venerable de Coatzin». Trata todos los temas —pecado, pornografía, homosexualidad, virginidad— y háblale al espejo de lo que has visto y oído al respecto.

Nárrale también toda la historia de tu vida sexual, tanto si la tienes como si no. Háblale de si tus experiencias han sido buenas o malas, de si te sientes culpable o avergonzado y de la razón. Háblale de los paradigmas sociales, religiosos y científicos y de cómo han afectado a tu sexualidad. La máscara te ayudará a desprenderte de esos sentimientos y a liberar tu energía sexual, la energía más poderosa de la que disponemos para soñar.

Dedica esa noche a explorar tu sexualidad. Puedes comer, beber y tomarte breves descansos, pero ten en cuenta que este proceso solo debe hacerse una vez o quizás dos en toda la vida, por eso es tan especial.

A una de mis alumnas le sucedió algo increíble mientras realizaba este ejercicio. Era una chica que hacía mi curso de formación sobre los sueños en México. Al cabo de un tiempo se me acercó y me dijo: «Gracias, muchísimas gracias». Le pregunté por qué me las daba. Y ella me respondió que cuando yo había enseñado este ejercicio en clase había pensado: «¿Qué se supone que debo decir durante doce horas si nunca he practicado el sexo?» Pero más tarde, mientras estaba haciendo el ejercicio, descubrió la gran cantidad de energía distorsionada que había en el mundo relacionado con la sexualidad: la culpabilidad y vergüenza adquiridas de la religión, las películas y la familia; el miedo a contraer enfermedades de transmisión sexual… Y habló de ello frente al espejo durante doce horas y quizá incluso más tiempo. Al terminar sintió como si se hubiera librado de un gran peso que, sin saber, había estado llevando a cuestas.

MAMATLAQUEH:
«RESPONSABILIDADES Y CARGAS»

Este ejercicio es muy importante porque tenemos que analizarnos para descubrir qué es lo que estamos intentando ocultar y averiguarlo no es fácil.

De pie frente al espejo con una máscara puesta, pregúntate tu familia o tu pareja son una carga para ti o no lo son. Haz a inuación lo mismo con el resto de tus relaciones. Es muy tante que te preguntes si te dan energía o te la quitan, la energía que necesitas para soñar. Analiza también la relación que mantienes con tu trabajo. ¿Te gusta o lo haces solo para sobrevivir?

¿Estás perdiendo tu energía con tus amigos, intentando resolver sus problemas para que te aprecien? ¿Te preocupas por ellos? ¿Son una carga para ti? Si es así, son enemigos en el camino del soñador. Estás cargando con un gran peso que te impide soñar con lucidez. Analiza también tu relación con el dinero y hasta qué punto lo necesitas.

❧❧❧❧❧❧❧❧❧❧

Este ejercicio está muy relacionado con la serpiente que muda la piel. Al terminar de realizarlo muchas personas hacen aquello que antes no se atrevían a hacer: cambian de pareja o de trabajo y a veces se distancian de la gente que les drena la energía.

Debemos dejar el pasado atrás para que no nos arruine el futuro, algo que a quienes nos rodean no siempre les gusta, porque están encantados de absorbernos la energía. Pero la energía es el bien más preciado para un soñador.

Nagual ohuitic: «Los momentos más difíciles de la vida»

Permanece de pie frente al espejo con una máscara puesta. Este ejercicio consiste en hablar de las situaciones en las que tu vida ha corrido peligro y en aprender a aceptar la muerte.

Habla primero de tu relación con la muerte y con el fallecimiento de familiares. Luego pasa a los momentos de peligro vividos.

Sabrás que has superado tu miedo a la muerte cuando empieces a soñar con lucidez con regularidad, porque es como morir.

Esta es una de las recapitulaciones más difíciles, ya que tiene que ver con conocer el *yaotl*, el enemigo que reside en nuestro interior, la parte que nos hace aceptar empleos malísimos, relaciones negativas o adicciones, la parte que nos arrastra a situaciones perjudiciales.

Muchas personas creen que uno de los momentos más difíciles de la vida es el momento de la muerte. La palabra *temictli* en náhuatl significa «soñador», pero también quiere decir «el que ha muerto». La muerte no es más que un largo sueño. Y al igual que al final del día el objetivo fundamental es dormir, en la vida el objetivo fundamental es morir. Cuando esto deja de ser un impulso inconsciente nos acostumbramos a ello. Nos desprendemos de la pesada carga y podemos afrontar el miedo a morir. Cuando no podemos recordar ninguno de nuestros sueños es orque nos da miedo morir, pero cuando aceptamos que algún moriremos y esperamos ese día sin darnos cuenta, volvere a conectar con nuestros sueños.

mi caso analicé —por supuesto, con una máscara— los es que tuve de niño y todas las veces que había puesto en peligro mi vida consumiendo drogas. Analicé los riesgos que había corrido sexualmente y también por qué siempre me gustaba estar en peligro.

Este ejercicio nos devuelve nuestro poder. Cuando tenemos sueños lúcidos estamos en contacto directo con la energía de la muerte a diario. Dejamos de buscarla en el estado de vigilia y al no correr riesgos podemos vivir más años. Conocemos la muerte y ella nos conoce a nosotros y nos respeta.

OPOCHTZIN:
«HUMO EN EL LADO IZQUIERDO»

Este ejercicio se llama «la recapitulación de la rana» porque saltas de un momento a otro en el tiempo.

De pie frente a un espejo con una máscara puesta, ve de un episodio a otro de tu vida, narrando lo que te venga a la cabeza sobre el tema hasta haberlo agotado totalmente.

Para nosotros, el número 13 está regido por el Sol, que da vida y por tanto, lucidez. Cuando empiezas a evocar tus recuerdos en grupos de 13 —por ejemplo, los primeros 13 años de tu vida, luego de los 13 a los 26, y así sucesivamente hasta llegar a tu edad actual— te desligas del placer y el dolor y te liberas. Con lo que dejas de huir del dolor en busca de placer, el ciclo más destructivo de la vida.

AMAQUEMEH: «PRENDAS DE PAPEL KRAFT O DE PAPEL AMATE MARRÓN»

Este ejercicio es uno de mis preferidos.

En primer lugar, envuélvete el cuerpo con una prenda hecha a medida de papel amate o papel de estraza, como si fueras una momia. (El papel amate se ha estado fabricando en México desde la época prehispánica.)

Evoca a continuación todo el dolor y las enfermedades que tu cuerpo físico ha sufrido en tu vida.

Transfiere el recuerdo del dolor y de las enfermedades al papel por medio del movimiento. Por ejemplo, si en una ocasión te rompiste una pierna, como me pasó a mí, mueve la pierna y transfiere al papel el recuerdo grabado en tu cuerpo. Haz lo mismo con la colitis, la artritis, la hipertensión o cualquier otra enfermedad que padezcas, todo el sufrimiento que esté atrapado en el cuerpo.

Es una de las prácticas curativas más importantes que conozco y debes hacerla tantas veces como sea necesario hasta eliminar por completo la enfermedad de tu cuerpo.

Al final de la sesión, enciende un fuego y quema el papel a modo de ceremonia para liberar la energía de las enfermedades y los recuerdos que quedaron atrapados en tu cuerpo.

Esta es la recapitulación suprema y no debe realizarse nunca sin haber completado antes los ejercicios anteriores. Al llevarla a cabo tu visión se abrirá, al igual que tu clarividencia, y podrás realizar todas las recapitulaciones anteriores bajo el efecto de hongos alucinógenos o de peyote, como establece el linaje de la Luna, o por medio de algún otro aliado. Pero según los toltecas, el factor más importante es el sueño lúcido.

Para los toltecas esta técnica consiste en revivir las experiencias más difíciles de tu vida mediante un sueño lúcido y en hacerlo desaparecer luego para sanarlo.

En cuanto lo hayas hecho ya no necesitarás huir de tus sueños porque con esta técnica sanas cualquier cosa que te haya sucedido en el pasado y también sanas tu sueño, o el inconsciente, como lo llamamos en la actualidad.

Si en este ejercicio usas mezcal, pulque o cualquier otra bebida alcohólica como aliados y sobrepasas la cantidad de bebidas permitidas (solo dos), tenderás a olvidarte de tus sueños. Pero si en lugar de olvidarte de ellos afrontas las situaciones más difíciles de tu vida de nuevo en tus sueños lúcidos y consigues cambiarlos, te convertirás en un *oztoteotl*, que significa «dueño o dueña de tu cueva u oscuridad», porque habrás cambiado tu cueva según el linaje de la Luna.

Según los toltecas, también puedes hacer este ejercicio sin aliados recordando simplemente los momentos más difíciles de tu vida y cambiándolos luego por medio del *temixoch*, el sueño florido, al controlar tu mundo interior.

⊙⊙⊙⊙⊙⊙⊙⊙⊙⊙⊙⊙

Los ejercicios que he descrito con las máscaras, el papel y el soñar puedes realizarlos a lo largo de varios años. En cuanto termines el primero, que de algún modo lleva mucho tiempo y exige respetar la duración de las sesiones, puedes hacer varios de los ejercicios que describo más adelante en el libro, como la siembra de sueños y el soñar lúcido y controlado al mismo tiempo.

Personalmente, no he terminado todas las recapitulaciones, aunque debería haberlo hecho. Sin embargo, ahora estoy intentando acabar la última, *nahualli*. Cada noche recuerdo situaciones difíciles —en mis inframundos— para resolverlas allí.

Como este proceso es divertido y curativo a la vez, tómatelo con calma. Comprométete simplemente a terminar en esta vida todo el proceso y a ser libre.

Y recuerda que aprender a dormir y a soñar es aprender a morir.

Ometeotl

5 (MAHCUILLI)

Mexicatzin: los mexicas venerables

Como he mencionado anteriormente, ser mexica implica mucho más que limitarse a formar parte de la cultura mexica. Este pueblo, líder de los aztecas, tomó el nombre del primer grupo de soñadores, el del halo de la Luna, que fue descubriendo y perfeccionando a lo largo de miles de años una de las técnicas del sueño más sofisticadas que se han conservado junto con las toltecas.

También he mencionado que ser mexica no significa haber nacido en un país en particular. Como en el mundo del sueño no hay fronteras, si empiezas a hacer los ejercicios de este libro te convertirás en un mexica y pertenecerás a un grupo que reconoce el poder de los sueños y está intentando controlar ese poder. Además, la profecía de Cuauhtémoc se refiere a que los mexicas de todas partes del mundo usarán este conocimiento en la actualidad.

Los mexicas antiguos nunca pretendieron interpretar los sueños como hacen muchos grupos modernos, hablando de su significado, porque si solo los interpretamos, seguiremos sumidos en la oscuridad, en la cueva, activando un programa que no podemos controlar. El objetivo del mexica es ser un guerrero de los sueños, dirigirlos y cambiarlos, y esto significa pasar de *temictli* a *temixoch*, del sueño inconsciente al sueño florido.

Crearon una gran cantidad de técnicas para entrar en un estado de sueño lúcido. Una de las más importantes, y la primera que debemos empezar a practicar consiste en siete ejercicios respiratorios conocidos como *mexicatzin*. Sin embargo, al principio solo realizarás cinco de los siete.

MEXICATZIN

Este sistema de ejercicios tan sofisticado te permitirá crear tu vida de vigilia mientras duermes. Recuerda que el estado de sueño es cuatro veces más poderoso que el estado de vigilia. Hace poco empecé a colaborar con mi amigo Charlie Morley,[1] un especialista en el yoga del sueño tibetano, del que aprendí que en el budismo tibetano un minuto de meditación en el estado de sueño corresponde a siete días de retiro en el estado de vigilia.

Las cinco series de ejercicios respiratorios que te recomiendo para empezar a aprender a soñar con lucidez y a sembrar sueños (y, por lo tanto, tu vida de vigilia) las encontrarás en este capítulo. Hazlos sentado en la cama, si es posible en la postura del loto, como preparativo para irte a dormir a la hora habitual.

En los cuatro primeros ejercicios, inspira profundamente por la nariz y espira por la boca. En el quinto, inspira por la nariz, presiona los músculos alrededor del ombligo y relájalos al exhalar por la boca. En las páginas 106-108 encontrarás el ciclo completo de cinco series.

Ixtliyolotl: «*mirando hacia el corazón*»

Estos ejercicios respiratorios se realizan mirando hacia la izquierda, al corazón, para destruir lo opuesto de lo que quieres crear. Por ejemplo, si vas a sembrar un sueño curativo, primero tienes que destruir la enfermedad. Si vas a crear abundancia, primero tienes que destruir la pobreza. Si tu objetivo es arreglar una relación, primero tienes que destruir la densa energía que hay en ella. Si vas a crear lucidez en el estado de sueño, es muy importante para ti destruir el miedo a la muerte que la bloquea. Recuerda que dormir es como morir y el miedo a la muerte es el obstáculo principal para los sueños lúcidos.

Ixtiliolotl: «*mirando hacia el maíz*»

Tal vez parezca ilógico, pero maíz es otro nombre en náhuatl para referirse a la energía creativa, o sea que en realidad significa «mirando hacia la energía creativa», en este caso, tus sueños. El ejercicio consiste en mirar hacia la derecha, para destruir los sueños que han causado los problemas que intentas resolver, los sueños que te han llevado a enfermar, a empobrecerte, o a ser adicto a algo… Recuerda, primero lo sueñas y después lo vives. Si quieres dejar de experimentar algo, debes dejar de soñar con ello, y lo conseguirás con esta clase de respiración.

Ixtlixinahtli: «*mirando hacia la semilla*»

La semilla se refiere a la energía cósmica o la semilla cósmica que has usado para crear los sueños que te han causado todos tus problemas. Esta clase de respiración se hace con la cabeza y la nariz mirando hacia arriba para destruir la energía creativa, la semilla que te ha hecho soñar en algo y luego vivirlo de ese modo.

Ixtliilhuicaatl: «*mirando hacia el agua*»

En esta clase de respiración, la cuarta de este ciclo, trazas una cruz. En todas las ceremonias toltecas hacemos cruces, y no círculos, porque estos últimos te llevan de vuelta al mismo lugar. Esta clase de respiración se realiza mirando hacia abajo. Al principio lo haces sin agua, imaginándotela simplemente, pero en el entrenamiento más avanzado se lleva a cabo mirando un recipiente lleno de agua, si es posible de agua de lluvia, o un espejo de obsidiana. Como he mencionado antes, la forma en que nos identificamos con nuestra cara nos mantiene atados al pasado y a nuestros viejos patrones, de ahí que en este ejercicio el objetivo sea destruir nuestro propio reflejo.

Animales tradicionales de los códices

En cuanto tu rostro haya desaparecido tendrás que transformar tu reflejo en lo que estés visualizando en el agua o (más tarde) en el espejo de obsidiana (*véase el capítulo 8*), normalmente un animal determinado, depende del efecto que desees crear en tu sueño. Estos animales se conocen como naguales porque son las distintas formas adoptadas por tu nagual, tu cuerpo energético, en el estado de sueño. Cuando practicas el primer nivel de nagualismo no llevas tu imagen física a tus sueños por la forma en que la identificas con tu pasado. En su lugar, eliges el animal arquetípico de lo que quieres crear en el estado de vigilia. (Los animales son los arquetipos más antiguos que los seres humanos conocemos.) Tu nagual se transforma en ese animal para ese sueño en particular con el fin de crear lo que deseas en tu vida.

Los naguales más comunes que podemos usar son:

Cipactli: *el cocodrilo*

Cipactli es un cocodrilo mítico gigantesco que representa la Madre Tierra. Constituye una de las formas en que la Madre Tierra se manifiesta en el mundo de los sueños y es el arquetipo principal para generar abundancia.

Coatl: *la serpiente*

Se usa principalmente para la curación física. Como la Madre Tierra es de donde surgen las curaciones, la serpiente es una de las formas principales en que la Tierra se manifiesta en el estado de sueño. También es el símbolo de la sabiduría.

Cuauhtli: *el águila*

Es el nagual por excelencia del Sol. En la tradición tolteca el sol está relacionado con la iluminación, por eso en el estado de sueño el águila se usa como nagual para alcanzar el vuelo espiritual y los sueños lúcidos. También es indicada para aumentar la autoestima, ya que se considera que los soñadores conscientes poseen una visión aguileña o clarividencia.

Huitzili: *el colibrí*

El colibrí es un nagual muy especial. Como he mencionado antes, se dice que a los mexicas se les apareció un colibrí en sus sueños y les guió para que se separaran de otras tribus y superaran su debilidad. Al final se volvieron el grupo azteca más importante de su tiempo. El colibrí se usa para los sueños proféticos en el estado de sueño y también para conseguir amor, sanar relaciones y desarrollar disciplina.

Iztpapalotl: *la mariposa negra o de obsidiana*

Es el símbolo más importante de la muerte o el cambio. Se usa para destruir algo como un tumor, un virus o un problema a través de los sueños.

Ocelotl: *el jaguar*

El jaguar se considera el sol del inframundo, es decir, el que se ocupa de destruir nuestros patrones negativos inconscientes. Por esta razón en el estado de sueño se usa para sanar patrones personales y ancestrales destructivos y repetitivos, como las adicciones. También se utiliza para sanar las emociones e ideas negativas, por ejemplo una enfermedad mortal o algo considerado imposible, y para eliminar el miedo y los obstáculos.

Tecolotl: *el búho*

En los sueños, el búho es el nagual que nos permite encontrar todo lo que está escondido, como los secretos. Se utiliza para obtener la respuesta sobre cualquier cosa que deseemos saber de nuestra vida. Cuando invocamos al búho, soñamos la respuesta esa misma noche o al cabo de poco.

Tocatl: *la araña*

Se considera uno de los naguales más importantes, ya que se ocupa de tejer la red de los sueños colectivos y se usa para atrapar cualquier cosa que deseemos en nuestra vida. Es el nagual más poderoso para crear escenarios en los que participen otras personas.

Tochtli: *el conejo*

Es uno de los naguales preferidos de la Luna. Representa la fertilidad (física), la abundancia y la creatividad. El ciclo reproductivo de un conejo dura 28 días, el mismo que el ciclo lunar. El conejo también se usa para obtener favores de la Luna a través de nuestros sueños.

Tzinacantli: *el murciélago*

En el lenguaje de los sueños se utiliza para encontrar una solución a los problemas, porque el murciélago observa las cosas al revés, y cuando en nuestros sueños le damos la vuelta a una situación, encontramos la solución que buscábamos. Es fascinante estar soñando y ver de pronto cómo tu sueño se da la vuelta por sí solo, porque sabes que es la respuesta que el murciélago está dando a tu pregunta.

Hay muchos otros naguales, como la lagartija, el ciervo, el coyote, el pavo... Y a medida que pasamos a niveles más avanzados del nagualismo usamos también los elementos del viento, el fuego, etc. Pero todos empezamos con los que he mencionado porque son los más usados.

En cierta ocasión, al llegar a este punto un alumno me comentó: «Esto es demasiado primitivo».

Yo le respondí: «¿Te has fijado en las marcas comerciales?».

En la actualidad el márquetin está repleto de animales. Aparecen en bebidas alcohólicas, automóviles y en todo tipo de productos. Además, muchas de las marcas registradas más importantes del mundo asocian sus productos con jaguares, caballos, cocodrilos, águilas, serpientes... También aparecen animales en escudos de armas, en las ciudades más importantes del mundo, en banderas... Estos arquetipos antiguos impactan más en el inconsciente que cualquier otra imagen, al margen de lo agradable que sea estéticamente. Si estos arquetipos determinan quiénes somos en el estado de vigilia, imagínate el gran poder que tienen en el estado de sueño, donde la mente no filtra la información. En él podemos acceder a lo que se llama «el poder de los sueños».

En resumen, el cuarto ejercicio consiste en realizar una serie de ejercicios respiratorios con la cabeza hacia abajo, como si miraras un espejo, y al final tu cara desaparece y se transforma en el reflejo del nagual que has elegido.

Xayaca: «*la máscara*»

La quinta y última serie de ejercicios respiratorios para sembrar un sueño se llama *xayaca* en náhuatl, además del nombre del nagual que eliges. *Xayaca* significa «máscara», como ya he mencionado, el mensaje implícito es que eliges la máscara de un animal para que el cuerpo energético del estado de sueño lo adopte y se transforme en él. Lo cual te permitirá cosechar en el estado de vigilia lo que has sembrado.

Esta clase de respiración tiene distintos nombres como: xayacacoatl si eliges la serpiente para la curación física; xayacaocelotl, la máscara del jaguar, para sanar tu mente; o xayacahuitzilli, la máscara del colibrí, para encontrar amor o sanar una relación, y así sucesivamente con el resto de naguales.

En este proceso estás uniendo el tonal y el nagual para entrar en el estado de sueño permaneciendo lúcido.

EL CICLO DE EJERCICIOS

La técnica completa se describe a continuación. Para los primeros cuatro ciclos —mirando hacia la izquierda, hacia la derecha, hacia arriba y hacia abajo— inspiras por la nariz y espiras por la boca.

- Un ciclo de 13 respiraciones mirando hacia la izquierda, para destruir lo opuesto de lo que vas a sembrar. Por ejemplo, si vas a sembrar abundancia, primero debes destruir la pobreza. Si vas a crear salud, primero debes destruir la enfermedad.

- Un ciclo de 13 respiraciones mirando hacia la derecha, para destruir los sueños que han creado la pobreza o la enfermedad.

- Un ciclo de 13 respiraciones mirando hacia arriba para destruir la energía cósmica que creó los sueños que te han causado el problema que estás intentando resolver en tu vida.

- Un ciclo de 13 respiraciones con la cara mirando hacia abajo para destruir tu reflejo y reemplazarlo por el del nagual que has elegido antes, depende de lo que intentes conseguir a través del sueño.

- Un ciclo de 13 respiraciones mirando hacia delante en una postura normal. Durante este ciclo, inspira por la nariz, presiona los músculos alrededor del ombligo y relaja la presión al espirar por la boca.

¿Por qué es necesario realizar series de 13 respiraciones? Porque el 13 es el número del Sol y el arquetipo de la iluminación. Además, es el número del tonal y al usarlo de esta forma aportamos lucidez a la oscuridad de nuestros sueños.

- En cuanto hayas terminado los cinco ciclos respiratorios, visualiza el reflejo del nagual que has elegido entrando en tu cuerpo y ascendiendo del ombligo al esternón.

- Ahora estás teniendo una experiencia extracorporal porque el mundo del sueño está fuera de tu mente, en la mente cósmica, la mente de la totalidad, y desde allí puedes hacer los cambios que desees.
- Visualiza el nagual que elijas ante ti y haz que se mueva hacia tu derecha mientras pronuncias las siguientes palabras, en silencio o en voz alta:

«Soy un guerrero del estado de sueño. Estaré lúcido bajo la forma de este nagual mientras duermo porque me da salud/amor/etc., y encontraré los sueños que he sembrado.

MAH TOCUENMANAHCAN».

(Las últimas palabras, *Mah Tocuenmanahcan*, significan: «Que tus intenciones sigan sembradas en tu sueño». Además, es el nombre de uno de los distintos lugares del sueño mientras nos mantenemos despiertos en la tierra de los sueños, o tierra de los muertos, el Mictlan, que más adelante describiré.)

Este proceso debes repetirlo durante cuatro sueños distintos. Recuerda que en nuestra tradición tenemos que realizar cuatro movimientos para completar cualquier ciclo. Puedes tener sueños con distintas intenciones o con un solo objetivo, sembrar el mismo arquetipo cuatro veces distintas si lo deseas. Pero debes repetir (en voz alta o en silencio) la sentencia del sueño lúcido cada vez que siembras un sueño para encontrar los sueños más tarde.

En cuanto hayas terminado de sembrar el cuarto sueño, sigue repitiendo en tu mente: «Soy un guerrero del estado de sueño. Estaré lúcido bajo la forma de este animal mientras duermo… etc.» una y otra vez, hasta que te duermas.

Aunque parezca muy sencillo es un ejercicio que requiere una concentración absoluta, ya que nuestra mente nos engaña con artimañas y nos lleva por otros caminos, como pensar en el día siguiente, en nuestros problemas o en otras cosas. Si nos sucede, nos dormiremos sin permanecer lúcidos, aunque hayamos decidido estarlo.

Si tu mente te lleva por otros derroteros pero puedes volver a centrarla en tu objetivo con la sentencia del sueño lúcido, hazlo. Al final lograrás dormirte en la mitad del proceso, con lo que te resultará más fácil permanecer lúcido y entrar en un sueño florido.

Me gustaría señalar que no siempre se consigue soñar con lucidez a partir de la primera noche. La mayoría de las veces empezarás recordando simplemente tus sueños de las noches anteriores. Es la forma en que la mayoría empezamos.

Para lograrlo, lo primero que hacemos después de despertar, antes de movernos, es observar si aún recordamos un pequeño fragmento de un sueño en nuestra cabeza y entonces nos preguntamos: «¿Qué pasó antes de eso? ¿Dónde empezó el sueño?».

En cuanto recordamos el primer sueño, nos preguntamos otra vez: «¿Qué pasó antes de eso? ¿Dónde empezó el sueño?». Y seguimos hasta recordar la mayor cantidad posible de los sueños que hemos tenido esa noche.

En la tradición tolteca normalmente todos tenemos ocho sueños por noche. ¿De dónde viene este número? Del quincunce del calendario azteca.

EL QUINCUNCE

Esta figura representa las matemáticas combinadas de Venus y la Luna. Como para los mexicas antiguos Venus era el primer cuerpo celeste y el más brillante, que aparecía en el crepúsculo, consideraron que marcaba el paso del día a la noche, anunciando la hora del nagual, por eso esta Venus del atardecer se conocía como Xolotl, o el nagual de Quetzalcóatl.

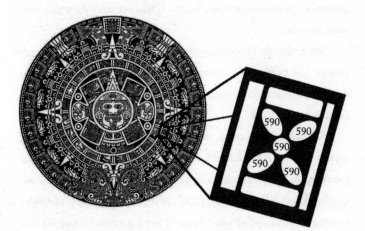

El calendario azteca y el quincunce

Entonces la Luna, que gobierna los sueños, aparece en el cielo.

Al alba, Venus es el último cuerpo celeste en desaparecer del firmamento, dando paso al día y anunciando la hora del Sol, o el tonal. Por eso el planeta Venus se consideraba un marcador en el cielo que dividía el estado de vigilia y el estado de sueño.

Cada uno de los círculos del quincunce representa uno de los ciclos venusianos, 590 días, el tiempo que Venus tarda en volver a la misma posición en el cosmos vista desde la Tierra. 590 veces multiplicado por 5, los días que contiene un quincunce, suma 2 950 días. 2 950 dividido entre 365, los días del año, da el número 8. Por esta razón los hombres de la antigüedad afirmaban que, según las matemáticas sagradas, tenemos ocho sueños por noche, por lo que es mejor dormir durante ocho fracciones de tiempo, que más o menos equivale a nueve horas actuales para una persona normal.

Sin embargo, cuando los practicantes de nagualismo progresan en sus prácticas y pasan mucho tiempo soñando estando despiertos, intentando unir ambos estados, el tiempo de sueño se reduce muchísimo.

Basándonos en estas matemáticas, la noche perfecta sería una en la que recordáramos ocho sueños, incluyendo cómo empezaron, aunque debo señalar que me llevó varios años conseguirlo. Además, no sucede cada noche. Si estás muy cansado, aunque lo hayas practicado durante años, a veces no sueñas con lucidez y la mayoría del tiempo solamente recuerdas cuatro o cinco sueños de la noche anterior. No obstante, esta cantidad es un promedio muy bueno.

LA EVOCACIÓN DE LOS SUEÑOS

Ser capaz de recordar el inicio de tus sueños es importantísimo y también la parte más complicada para los soñadores.

Los sueños empiezan con una especie de pista —luz, neblina, un símbolo, etc.— de color rojo, azul, verde o blanco. (El verde era el tercer Tezcatlipoca para los teotihuacanos y los toltecas, pero para los mexicas era el azul. El color verde simboliza la inconsciencia y los patrones emocionales.) Este detalle es muy significativo, porque representa las esencias principales del México antiguo, los cuatro Tezcatlipocas.

Los cuatro Tezcatlipocas

Como he mencionado antes, mucha gente los considera dioses, pero en realidad son cuatro fuerzas omnipresentes que pusieron en marcha la creación.

- El Tezcatlipoca negro, señor de los sueños, representa las principales fuerzas creativas de los sueños, no solo las de los sueños individuales, sino también las de los colectivos.
- Si un sueño empieza con el color rojo, es un sueño de creación regido por Xipe Totec, el Tezcatlipoca rojo, señor de la renovación. La mayoría de los sueños curativos a nivel físico están gobernados por el Tezcatlipoca rojo y aparecen con varios elementos rojos, como los ojos rojos de los animales que elegimos como nuestros naguales.

- Si es azul, es un sueño de Huitzilopochtli, el Tezcatlipoca azul, y será un sueño profético.
- Si es blanco, viene de Quetzalcóatl, el Tezcatlipoca blanco, y nos dará información espiritual sobre nuestra vida. Como por ejemplo, el sueño que tuve del volcán Popocatepetl cuando me mandó a los Andes a aprender a trabajar con aquellas montañas.

Esta es la primera indicación de la naturaleza de un sueño y el punto de partida para interpretarlo. Como es natural, a medida que vamos progresando, también lo podremos controlar y pasar del *temictli*, el sueño común, al *temixoch*, el sueño lúcido.

Al principio tenemos que escribir nuestros sueños a modo de práctica, pero hacerlo no es demasiado importante, ya que en la tradición tolteca los analizamos de una forma que explicaré en el siguiente capítulo.

Uno de los objetivos principales de este libro es explicar cómo soñar con lucidez, pero lo más importante de todo es aprender a crear nuestra propia vida a través de nuestros sueños. En México imparto un curso de un año de duración sobre este tema. En una ocasión, al final del curso, uno de mis alumnos se acercó y me dijo: «Todavía no me acuerdo de mis sueños». A mí me dio pena y no supe qué responderle, pero añadió: «No me importa, porque como todo lo que he sembrado en ellos se ha hecho realidad, estoy seguro de haberlo soñado, aunque aún no lo recuerde».

Fue una gran lección para mí que tenía que ver con la disciplina y la fe, con no abandonar la práctica pese a no obtener los resultados deseados desde el principio. Si sigues practicando quizá consigas algo mucho mejor que simplemente soñar con lucidez.

La información de este libro dará como fruto muchos soñadores lúcidos y otros lectores la usarán para crear su propia vida, aunque no recuerden todos los detalles de sus sueños. Los hombres de la antigüedad afirmaron: «Tu sueño es aquello en lo que te has convertido. Observa tu vida y sabrás lo que has soñado».

Ometeotl

6 (CHICOACEN)

Temixoch: los sueños floridos

Cuando empiezas a recordar tus sueños o a estar lúcido en uno, estás teniendo la percepción de un colibrí en el estado de sueño. Reconocer el inicio de los sueños como rojo o azul te da el vuelo del guacamayo y te permite identificar los sueños como creativos o proféticos. Si tienes sueños proféticos que empiezan con un símbolo de luz o con el color azul, también significa que has desarrollado la percepción de un colibrí volando hacia la izquierda. Si tienes sueños que empiezan con el color blanco, se trata de sueños enviados por tus guías espirituales y estás adquiriendo la percepción del colibrí volando hacia la derecha.

Cuando logras adquirir distintas formas en tus sueños y aparecer en ellos como uno de los arquetipos que has elegido antes, o cuando consigues cambiar un sueño mientras está sucediendo, necesitas adoptar un vuelo elevado, el del quetzal.

Y además de adquirir todas estas perspectivas, también necesitas conocer el *cipacnahualli* en náhuatl, el lenguaje antiguo de los sueños de la tradición tolteca-mexica.

EL LENGUAJE DEL NAGUAL

Lo primero que debemos tener en cuenta es el lenguaje del nagual, que es totalmente distinto al del tonal y no se puede interpretar usando el mismo criterio. Pero además la ventaja de este sistema es que es tan antiguo que no ha sido sometido al análisis psicológico.

Lo cierto es que para conocer lo que un sueño nos está intentando transmitir debemos advertir los detalles y no la historia.

La definición antigua de *centeotl* o *cinteotl*, «energía creativa», es aquello que da vida, medida y movimiento a todo cuanto existe. Basándote en esta definición, las primeras cosas que debes buscar en un sueño son:

- La vida y su contraparte, obviamente, la muerte.
- La medida, es decir, la escala donde algo es más grande o más pequeño que su contraparte en el tonal.
- El movimiento, la dirección que toma el sueño.

La vida y la muerte

La mayoría de los sueños muestran escenas de la vida, salvo algunas excepciones, como dar a luz, que significa que algo nuevo está por llegar y debemos interpretarlo según la dirección (*véase más adelante*) y el mensaje del sueño.

La muerte en un sueño se refiere a un cambio repentino en la vida. Morirnos en un sueño indica, en general, cambios favorables en nuestra vida, aunque la muerte sea violenta y nuestros condicionamientos nos lleven a interpretarlo de manera negativa.

En la tradición tolteca, el Mictlan, la tierra de los muertos, es el primero de los lugares del soñar despierto, pero como acabo de señalar, la muerte significa cambio y también lo que no está en movimiento, o lo que no está ocurriendo en ese momento, es decir, el pasado y el futuro. Todos los sueños en los que aparecen personas conocidas, situaciones cotidianas y lugares donde hemos estado, sueños que la psicología actual llamaría «sueños de proyección», son para nosotros los sueños del primer lugar del estado de ensoñación, de la tierra de los muertos. Son los sueños que nos llevarán a repetirnos, a repetir el pasado, a repetir nuestros patrones de conducta, a quedar encerrados en nuestros sueños, la prisión invisible de la Luna. Recuerda la frase azteca-mexica: «El que no recuerda sus sueños está muerto en vida, porque no puede controlar su vida cuando está despierto». Cuando empezamos a recordar nuestros sueños y advertimos que nos llevan a situaciones o lugares conocidos, lo que tenemos que hacer para cambiar esto es cancelarlos, ordenar en el estado de sueño que no queremos soñar con ese sueño ni vivirlo. Explicaré más adelante en este capítulo cómo hacerlo.

Después de luchar con el chamán andino, cuando me desilusioné y me hundí en la depresión más profunda de toda mi vida, lo que Xolotl me enseñó fue a sanar el nagual. Así que sembré un sueño en el que lo sanaba. Pero el sueño que tuve fue muy distinto del que había sembrado.

En el sueño conducía una cuadriga romana con un hermano mellizo idéntico a mí. Los mellizos son uno de los arquetipos más conocidos en el nagualismo, simbolizan el tonal y el nagual. Mientras viajábamos en la cuadriga, de pronto un coche rojo se nos echó encima y ambos perecimos en el accidente. El coche se fue en dirección a la tierra de los muertos y desapareció en la lejanía.

Fue entonces cuando supe que mi depresión se había ido, que el tonal y el nagual habían muerto para renacer, y experimenté un cambio real para mejor: recuperé las ganas de vivir, de trabajar y explorar el mundo de los sueños, sueños que se pueden hacer realidad en nuestra vida de vigilia. Si logramos llevarlo a cabo mientras soñamos, tarde o temprano lo haremos estando despiertos.

La medida

El concepto de medida, es decir, la escala, en un sueño es muy sencillo. Si algo es más grande de lo que sería en el mundo de vigilia, aumentará, y si es más pequeño, disminuirá.

Hace varios años tuve uno de los sueños más divertidos relacionados con la medida. En él me encontraba en una casa enorme, sabía que era mi consulta, aunque no fuera como el lugar donde trabajaba en aquella época. El mensaje del sueño era muy claro: mi labor se iba a expandir. Al cabo de poco me invitaron a enseñar la tradición tolteca en muchos países distintos. De nuevo pude demostrar que primero sucede el sueño y luego se hace realidad.

El movimiento

Este concepto es uno de los que más me fascina sobre el lenguaje de los sueños. Nos lleva de vuelta al concepto descrito en el capítulo 3, el cosmos expresado como una flor.

El universo energético donde los sueños tienen lugar, llamado por la tradición Iztac Ilhuicatl, el cielo blanco o el séptimo cielo, se encuentra exactamente a medio camino entre Centeotl o el Águila Negra y nuestra realidad, y está regido por el nagual de la Luna, el señor del mundo de los sueños. No hay que olvidar que para nosotros la Luna es uno de los nombres del Tezcatlipoca negro (*véase también la página 57*).

El mundo de los sueños es como la flor y lo más interesante es cómo llegamos a ella. Ya he mencionado lo importante que es la nariz en los linajes toltecas. Nuestra nariz siempre apunta al norte en el mundo de los sueños, sea cual sea nuestra ubicación geográfica en el tonal.

Por lo que el séptimo cielo, el lugar de los sueños que se encuentra arriba, equivale a los cielos, y el de abajo equivale a los inframundos. La dirección hacia la que apunta nuestra nariz será el Norte, el Este quedará a nuestra derecha y el Oeste a nuestra izquierda, y el Sur será la dirección que se dirige hacia nosotros, hacia nuestro cuerpo.

Las direcciones

En el lenguaje tolteca las direcciones significan lo siguiente:

Arriba: los cielos

En el lenguaje de los sueños, en los cielos residen las fuerzas de la creación, la geometría sagrada de la luz, y además es el lugar donde podemos crear situaciones hermosas y positivas en nuestra vida. Por eso intentamos volar en los sueños y también es la razón por la que en la tradición tolteca tenemos tantos pájaros en el estado de soñar despiertos y por la que nos elevamos y encontramos, a través de ellos, las cuatro esencias principales de Tezcatlipoca: las esencias del ser interior, la renovación, la disciplina y el conocimiento.

En lo que respecta a las direcciones, se considera que estamos subiendo tanto si en el sueño ascendemos por una montaña, pasamos volando sobre edificios, o subimos en un ascensor. Recuerda que el mundo de los sueños, como el de vigilia, no es más que una ilusión, pero puede llevarte a los lugares donde residen las energías, los dioses.

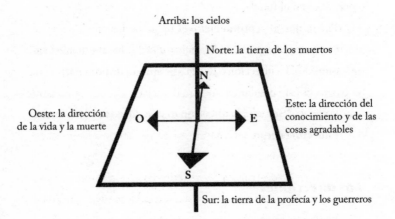

Arriba: los cielos

Norte: la tierra de los muertos

Oeste: la dirección de la vida y la muerte

Este: la dirección del conocimiento y de las cosas agradables

Sur: la tierra de la profecía y los guerreros

Abajo: los inframundos

Las direcciones

Abajo: los inframundos

El concepto de bajar en un sueño es totalmente distinto del de subir. El inframundo, o los inframundos, es el lugar donde los toltecas y mexicas creían que la gente iba a morir según los académicos. Pero si morir es dormir, como he mencionado antes, los inframundos son entonces algunos de los lugares a los que vamos cuando estamos soñando. Podemos tener simplemente un sueño en el que nos lanzamos al agua, bajamos las escaleras, o esquiamos, pero en el fondo, lo que en realidad nos está diciendo la historia del sueño es que estamos descendiendo a nuestros inframundos.

Al cuerpo energético del nagual le gusta esta dirección, se siente cómodo en ella por dos razones: es la que conoce y además en el estado de vigilia no podemos volar, pero podemos saltar hacia abajo y hacer otras cosas por el estilo, por esta razón tendemos más a bajar que a subir.

Existen muchas clases de inframundos. La siguiente lista describe en qué consisten y el símbolo que los representa:

- Dormir sin ser conscientes de estar soñando y, por tanto, de estar muriendo cuando nos llega la hora. Simbolizado por dos ríos.
- Patrones destructivos y repetitivos. Dos montañas.
- Problemas no resueltos. Un cerro cubierto de cuchillos de obsidiana.
- Miedo al cambio. Vientos gélidos.
- Repetición de patrones ancestrales. Vientos huracanados.
- Emociones no resueltas. Una fiera devorándonos el corazón.
- Paradigmas falsos. Un inframundo donde nos persiguen y nos hieren con una flecha.

- Falta de visión interior, apego a la ilusión del mundo material. Oscuridad.
- Paz absoluta. Entrar en las cuevas de poder.

En cuanto logramos soñar con lucidez y controlar nuestros sueños, debemos evitar bajar a toda costa, independientemente de lo que suceda en el sueño. Aunque se trate de un sueño agradable, debemos evitar bajar. Descender es volver a lo que ya hemos vivido —sufrimiento, adicciones, relaciones negativas, viejos patrones, etc.—, por lo que debemos mantenernos lúcidos mientras dormimos y decir: «Ya no necesito esto». Entonces sanaremos la situación en el mundo de los sueños y en la vida de vigilia tendremos la posibilidad de entrar en lo que llamamos cuevas de poder, nuestro yo interior. Pero si no estamos lúcidos en nuestro sueño y bajamos en él, nos traerá problemas.

En una ocasión iba a dar un curso en el extranjero y a tener un encuentro muy importante en ese lugar. Mientras me preparaba para el viaje un amigo mío me dijo: «Deberías ir esquiando». Aquella noche soñé que esquiaba. La psicología tradicional lo consideraría una proyección de lo que había sucedido ese día. El sueño fue bastante agradable porque esquiaba a gran velocidad y no me detenía. Pero al día siguiente los profesores ocuparon el aeropuerto de Ciudad de México en una huelga y no pude viajar en avión, lo cual tuvo unas consecuencias de gran alcance. Cuando esquiaba en mi sueño descendí a mis inframundos y no logré cambiar esta situación, pese a saber que estaba soñando, por lo que después tuve problemas en el mundo de vigilia.

El Norte: la tierra de los muertos

En el lenguaje de los sueños el Norte, la dirección hacia la que apunta nuestra nariz, es la dirección de la tierra de los muertos. Siempre que nuestros ancestros se aparezcan en nuestros sueños llegarán de esta dirección y se irán hacia ella. Cuando algo en nuestros sueños se dirige hacia el Norte, significa que finalizará o cambiará. Uno de los mejores ejemplos es el que he contado antes de mi abuela, cuando profetizó la muerte de aquel amigo suyo en un sueño. Como en ese caso, las personas que están a punto de morir aparecen en los sueños vestidas de negro y se van hacia el Norte.

El Sur: la tierra de la profecía y los guerreros

El Sur nos lleva a nuestro cuerpo. También es la dirección que nuestro cuerpo energético, el nagual, toma antes de un sueño profético y nos permitirá predecir el futuro con claridad, ya que después de todo siempre ha estado en ese lugar.

Cuando alguien tiene muchos sueños proféticos es porque su nagual se dirige de manera natural al Sur. La mayoría de la gente no toma esta dirección en sus sueños porque este lugar está demasiado cerca del estado de vigilia, cuando la toman suelen despertarse antes de que empiece cualquier sueño profético.

El Este: la dirección del conocimiento y las cosas agradables

Cuando nuestros sueños nos llevan al Este, a nuestra derecha, nuestro nagual se dirige al lugar donde residen los *pipitlin*. Como se trata de seres de conocimiento luminosos y benevolentes, el Este es la dirección del conocimiento y de las cosas agradables, y el viento del Este es el mensajero de las cosas positivas.

Por ejemplo, cuando una serpiente (simboliza la curación) se mueve hacia la derecha en un sueño, lo más probable es que se esté dirigiendo a la tierra de la sabiduría para obtener conocimiento y luz, y si estamos en una situación donde nuestra salud corre peligro, significa que nos recuperaremos. Por otro lado, si la serpiente se dirige hacia la dirección contraria, sucederá lo opuesto: nuestra salud empeorará y es posible que incluso muramos.

El Oeste: la dirección de la vida y la muerte

Esta dirección no es mala en sí, al igual que no tiene por qué ser siempre malo bajar en un sueño. No hay direcciones buenas o malas, solo distintos objetivos y resultados. Sin embargo, el Oeste implica aprender a través del proceso de la vida y la muerte, lo cual suele significar perder la salud, el trabajo o las personas de nuestro entorno para aprender de la manera más dura. En un sueño, cuando una situación, al margen de cuál sea su naturaleza, toma esta dirección, nos está indicando que será un proceso más difícil y doloroso de lo esperado. Así pues, es mejor girar al Este o hacia los cielos, donde podremos aprender en su lugar por medio del conocimiento.

El Oeste también significa renovación, lo cual sucede después de la muerte y se parece al proceso de renovación de la Tierra en primavera después del invierno.

Al conocer la flor de los sueños sabremos qué situaciones estamos creando en nuestro futuro. Si en un sueño caminamos con alguien hacia la misma dirección, al margen de lo que suceda en él, significa que estamos yendo hacia la dirección del placer. Pero si vamos en dirección contraria a la de alguien, significa que estamos yendo hacia la dirección de un proceso de renovación que nos resultará muy duro, y eso será lo que experimentaremos con esa persona, independientemente de lo que ocurra en el sueño.

En la tradición tolteca estar lúcido significa no solo observar la historia del sueño, sino también los detalles y la dirección a la que nos dirigimos. Si vamos hacia la izquierda, tenemos que lograr girar a la derecha en nuestro sueño; si bajamos, debemos cambiar de dirección y subir. Si podemos controlar nuestros sueños, controlaremos nuestra vida. Nuestros sueños son la más pura expresión de nuestra cueva, o inconsciente, y si logramos cambiarlos nuestra vida será más fácil.

De nuevo desearía señalar que esta clase de conocimiento no consiste en interpretar los sueños, sino en cambiarlos, creando nuestra vida a través de ellos.

EL LENGUAJE DE LOS CUATRO ELEMENTOS

En todas las tradiciones antiguas los cuatro elementos son fundamentales. Combinados originaron la creación. Los chinos, los indios, los egipcios, los griegos… en la antigüedad todo el mundo veneraba y reconocía los cuatro elementos. El nagualismo no era una excepción y exploró el lenguaje de los elementos en el estado de sueño de una forma muy sofisticada.

En cuanto a los toltecas y mexicas antiguos, entender lo que la gente soñaba era muy sencillo. Les bastaba con ver en qué se había convertido un sueño para saber cómo había sido. Su capacidad de observación también les permitía ver cómo aparecían los elementos en los sueños, porque también advertían en lo que se acababan convirtiendo, cómo se manifestaban en el mundo de vigilia. Esto les permitía a su vez entender cómo se expresaban los elementos en el mundo de los sueños.

Agua

Los sueños relacionados con agua son fáciles de entender. Cuando el agua se evapora se convierte en lluvia. Esta clase de sueños son, por tanto, lluvia, la expresión natural del agua. Cuando soñamos con agua en posición horizontal, como los ríos, los mares, etc., no nos traerá más que problemas emocionales. La lluvia, por otro lado, representa la purificación del nagual o el espíritu del agua en cualquier situación.

Fuego

Los sueños relacionados con fuego también son muy fáciles de entender, ya que el fuego se convierte en humo. En el lenguaje de los sueños, el fuego significa destrucción y el humo, transmutación.

Viento

Me llevó varios meses controlar los sueños relacionados con el tercer y el cuarto elemento: el viento y la Tierra. Para ser sincero, no me funcionó hasta que mi maestro me enseñó a hacerlo.

Al principio buscaba huracanes en mis sueños, y aunque indiquen que tienen que ver con el viento, se trata de sueños destructivos. Al final obtuve la respuesta: el viento es el mensajero, el único que llega y se va de todas partes sin que lo podamos detener. Al descubrirlo, los soñadores de la antigüedad comprendieron que un sueño relacionado con el viento equivalía a un cielo azul, despejado, sin niebla. Cuando en nuestros sueños aparezcan cielos nublados podemos estar seguros de que en nuestra vida nos encontraremos con personas difíciles y con problemas. Y si el cielo aparece despejado, significa que no hay ningún obstáculo por delante, que el espíritu del viento está de nuestra parte al haberse convertido en nuestro amigo, y que estamos soñando con él el camino a seguir.

Tierra

El cuarto elemento con el que podemos soñar es el más abstracto y bello de todos, el relacionado con la Tierra. Nosotros somos el sueño de la Madre Tierra, los seres humanos, sus hijos predilectos, por lo que cada vez que soñamos con violencia, luchas, guerras entre humanos, tanto si los conocemos personalmente como si no, estamos luchando contra Tonantzin, el espíritu de la gran madre y, por consiguiente, destruyendo nuestra propia prosperidad. A la larga, soñar con esta clase de situaciones nos traerá problemas de salud.

Puedo darte distintos ejemplos de ello. Si sueñas con personas abrazándose o estrechándose la mano en paz, significa que el espíritu de la Tierra está soñando contigo y puedes pedirle abundancia o buena salud. Si sueñas con una serpiente reptando entre el humo, significa que la enfermedad se está transformando, y si sueñas con la serpiente de fuego significa que la enfermedad desaparecerá.

Es el lenguaje básico de los sueños que cualquier aprendiz de nagualismo debe conocer, los códigos del Mictlan, el primer lugar del estado de ensoñación, donde ocurren la mayoría de sueños considerados proyecciones. A decir verdad, es el lugar más puro donde crear nuestra vida, ya que en él nuestra mente no filtra ninguna clase de información.

Al principio del entrenamiento, como ya he explicado en el capítulo anterior, el proceso consiste en sembrar sueños. Pero en cuanto conocemos el lenguaje del primer lugar de los sueños, podemos hacer cosas mucho más interesantes. Como, por ejemplo, utilizar el Cipatli, el nagual del cocodrilo, para generar abundancia. Cuando logramos detener un sueño que no nos parece auspicioso (*véase el ejercicio de la página 163*), podemos crear un cielo azul para que no haya obstáculos en nuestro camino y visualizar luego la lluvia, que significa que estamos purificando —es decir, eliminando— todas nuestras deudas, y entonces hacemos en el sueño que nuestro nagual camine hacia la derecha mientras repetimos: «Soy un guerrero de los sueños…». (*Véase la página 116*). De esta forma podemos empezar a crear nuestros sueños y ser los artífices de nuestro destino, los diseñadores de nuestros sueños.

En este lugar podemos dar rienda suelta a nuestra energía creativa. Incluso empezar a crear nuestro destino con los arquetipos más antiguos que tenemos, porque son los más eficaces: la vida y la muerte, la medida, el movimiento, los animales y los cuatro elementos.

Quiero aclarar que no empezarás a soñar de ese modo en cuanto comiences a sembrar sueños. Tal vez te lleve un tiempo, pero acabarás experimentando un gran cambio en tu vida. Has fijado tus objetivos y ahora que conoces los códigos, tu mente empezará a advertir el lenguaje de los sueños.

ENTRENA AL TONAL PARA QUE ADVIERTA LOS CÓDIGOS DE LOS SUEÑOS

Entrenar tu mente, la mente de vigilia o tonal, para que perciba lo que ocurre en los sueños es muy fácil, porque ya lo has hecho en el estado de vigilia. Pero entrenarla para que advierta los arquetipos de los animales, los elementos y otros detalles parecidos en el estado de sueño implica advertirlos también en el estado de vigilia. Por ejemplo, cada vez que veas un cocodrilo en una ilustración, en la televisión o en la vida real tienes que guiñar un ojo, mirarte la punta de la nariz y decir: «Prosperidad». Asimismo, si ves una flor, guiña un ojo, mírate la punta de la nariz y di mentalmente: «Florecimiento, Iluminación». Hazlo cuando estés rodeado de estímulos. Si ves una nube, guiña un ojo, mírate la punta de la nariz y di: «Obstáculos». Si ves lluvia, guiña un ojo, mírate la punta de la nariz y di: «Purificación».

Como ves, ser un soñador lúcido auténtico y crear tu vida por medio de tus sueños requiere una gran disciplina, pero ten en cuenta que es mucho más poderoso que hacer cambios en lo que consideramos la realidad, o sea que vale la pena.

Si adquieres el hábito de advertir los arquetipos en el tonal, tu mente se acostumbrará a hacerlo en el nagual, y cuando uno de los elementos que he mencionado antes —muerte, fuego, viento, animales, etc.— aparezca, se activará automáticamente, te llevará a un sueño lúcido y te mostrará lo que está ocurriendo con ese símbolo en tu sueño.

Yo lo hice repetidamente durante varios meses. Ahora ya no necesito seguir practicándolo más, aunque a veces aún lo hago por diversión. Te muestra que estos arquetipos están por todas partes, influenciándonos subliminalmente.

Vale la pena mencionar que se dice que el camino del guerrero no acaba nunca. En realidad significa que un guerrero siempre debe estar alerta. Llevo años haciendo estas prácticas de los sueños y justo ayer perdí la lucidez en uno. Estaba soñando que me encontraba en un campo inundado, pero ¡no llovía! De pronto mi mente se activó y lo primero que busqué fue la punta de mi nariz. Al no encontrarla me di cuenta de que estaba en un sueño y, lo más importante de todo, supe lo que debía hacer. Puse las manos en una postura muy poderosa, ordenando a la inundación que desapareciera, y el agua empezó a disminuir en el acto, y al final del sueño me felicité por haber logrado que la inundación se desvaneciera. Lo cual me ahorró un montón de problemas emocionales. También me desperté sintiéndome mucho mejor, ya que el día anterior había tenido un problema con mi familia.

Cuando tu tonal está acostumbrado a buscar esta clase de arquetipos, los reconocerás enseguida cuando aparezcan en tus sueños y podrás cambiar el sueño en ese momento. También estarás mucho más consciente, por lo que recordarás tus sueños al día siguiente, y si mientras estás soñando adviertes que vas hacia abajo o a la izquierda, o que hay nubes en el cielo, tendrás la opción de cancelar el sueño para que esas cosas no te afecten ni se manifiesten en el tonal.

LA CANCELACIÓN DE SUEÑOS

Cancelar sueños es una práctica que debería convertirse en un hábito, como recordarlos. Por ejemplo, cuando me despierto recuerdo mis sueños y los clasifico, según el lenguaje que he descrito, en los que debo cancelar y en los que puedo conservar, y luego me dispongo a cancelarlos de la siguiente forma:

LA CANCELACIÓN DE SUEÑOS
CON LA SERPIENTE DE FUEGO: XIUHCOATL

Recuerda que en el lenguaje de los sueños el fuego significa destrucción. En la tradición tolteca la energía de los sueños se graba en los huesos y en la sangre antes de manifestarse en el mundo. Así que, para cancelar los efectos futuros de un sueño, haz lo siguiente:

- Visualiza la parte del sueño que todavía recuerdas e imagina que se quema envuelta en llamas.

- Haz descender la energía de ese sueño como si fuera una serpiente moviéndose por tu cuerpo para cancelar los efectos del sueño en tus huesos y en la sangre.
- Cuando la energía llegue al suelo, golpéalo con el pie dos veces, la primera para pedirle a la Tierra que reciba esta energía y la segunda para pedirle que haga algo maravilloso con ella.
- En cuanto lo hayas hecho con un sueño, haz lo mismo con el siguiente, hasta cancelar todos los que te fueran a causar problemas.

Con este ejercicio empezarás a ir más allá de tus programas inconscientes, los llamados sueños de proyección, y encontrarás los sueños que has sembrado. Por primera vez irás a otro lugar del mundo del soñar, al séptimo cielo del linaje Tol.

LUGARES DEL SUEÑO

Mictlan: *la tierra de los muertos*

Es el primer lugar del sueño y el más habitual. (*Para obtener más información, véase la página 135.*)

Mah Tocuenmanahcan: *el lugar de la siembra de sueños*

Solo puedes cosechar los frutos en el mundo de vigilia cuando detienes tus programas inconscientes y empiezas a encontrar los sueños que has sembrado. Ahora puedes visitar el segundo lugar del sueño, el lugar donde siembras tus sueños. Únicamente lo alcanzarás si realizas las prácticas de los mexicatzin (*véase la página 115*) antes de acostarte.

Chicahuamictlacayan: *el lugar de poder mientras sueñas*

Ten en cuenta que en tus sueños te pueden herir gravemente, y si tu nagual no se cura puedes perder la fuerza vital e incluso morir. Sinceramente yo creía que nunca me pasaría, y también pensaba que estas enseñanzas eran antiguas y que tardarían mucho en reaparecer en el periodo del nuevo sol. Sin embargo, mi vivencia en el Perú me demostró lo equivocado que estaba. Me hirieron y tardé tres años en recuperarme.

El Chicahuamictlacayan, el lugar de poder, es donde debes ir cuando tu nagual esté herido. En él llamas a los cuatro cachorros de jaguar de las cuatro direcciones para que te ayuden. Cuando lleguen empezarán a lamerte las heridas hasta que tu nagual se recupere.

Sembré este sueño varias veces y la respuesta fue el sueño en el que mi hermano mellizo y yo fallecíamos en un accidente, el sueño que me hizo sentir como nuevo, lleno de energía y fuerza. Fue una gran lección para mí. Me enseñó que el conocimiento antiguo, pese a estar oculto, seguía tan vivo como en el pasado y que hay muchas personas de distintas tradiciones que lo conocen. Y ahora sé que debo protegerme mucho más y mantenerme siempre alerta. Ser un guerrero no significa atacar a los demás, sino defenderte.

Cochitlehualiztli: *el lugar al que vas en tus sueños*

En este lugar del mundo del sueño es donde puedes separar el tonal del nagual mientras duermes y transferir tu conciencia al nagual. Te ocurre cuando te separas de tu cuerpo y te ves a ti mismo mientras duermes, pero en este estado puedes hacer muchas más cosas, como mover objetos con tu nagual y darles forma y densidad, y tu sueño empieza a fundirse con lo que conocemos como realidad. Hay un entrenamiento muy especial para ello, que describiré en el futuro en otros libros.

Tomiccatzintzinhuan: *el lugar del inframundo*

Ya he hablado de los sueños en los que desciendes al inframundo. En él verás los lugares donde tu mente está atrapada: vidas pasadas, otros sueños, hábitos repetitivos, miedos, adicciones, etc. Te aconsejo que no visites esos lugares hasta haber progresado mucho en el sueño lúcido y ser capaz de cambiar esos sueños en cuanto empiezan a suceder para dejar de vivirlos.

Colmicnahualcampa: *el lugar de nuestros antepasados en este camino*

En el mundo del sueño es el lugar donde puedes encontrarte con los naguales y los maestros antiguos del sueño, no como guías sino como compañeros de viaje. Es el lugar donde empiezan los juegos de poder. En él puedes perseguir a otros maestros del sueño o luchar contra ellos, aunque no con mala intención sino para prepararte para la gran transformación en el nagual del abuelo.

Tlahtohtan: *el lugar de los guías*

Es otro lugar donde se manifiestan los *pipitlin*, y lo reconocerás porque antes de entrar en él verás una luz blanca o neblinosa. Allí recibirás instrucciones muy concretas, como en el sueño de la montaña sagrada mexicana que me ordenó ir a los Andes.

Tochichilmictlantzintizinhuan: *el lugar sagrado de los sueños rojos*

En el nagualismo tol este es el lugar más sagrado de la creación. El lugar de los sueños rojos que invocan la neblina roja y rosada de la creación, la luz roja del sueño cósmico primigenio y del poder de la sangre.

Pero ¿en qué consisten estos sueños rojos? Consisten en escenas donde casi todo es rojo, como una lluvia roja, unos mares rojos, unos árboles rojos… algo que no es demasiado común en los sueños. Lo que aparezca en el sueño también depende de lo directo que nuestro nagual quiera ser. En uno de mis últimos sueños rojos, el más directo que he tenido, soñé con una señal roja que ponía: «Rojo». El sueño siguió así largo tiempo mientras yo me quedaba plantado contemplando la palabra «rojo».

¿Por qué son esos sueños tan importantes? Según la tradición del sueño, cuando estabas en el Amoztoc, la cueva del agua, el vientre materno, la luz que se filtraba por la piel de tu madre era rojiza. Todo ese tiempo estuviste soñando con la persona que fuiste y la que serías, y lo estuviste haciendo en el momento sagrado en el que tu cuerpo se estaba creando. Cuando logras transformar tus sueños en sueños rojos, tu cuerpo recibe la información de que debes crear ese sueño. A este nivel del sueño florido, puedes cambiar tu vida en una sola noche y tu cuerpo también recibe la orden de regenerarse.

Muchos de mis alumnos han conseguido cosas maravillosas en el lugar sagrado de los sueños rojos, y yo he tenido que cambiar mis ideas de lo que es posible. He visto con mis propios ojos nervios ópticos atrofiados regenerarse en una sola noche y sistemas linfáticos extirpados reconstruirse. He presenciado un montón de lo que la gente llama milagros. Ahora simplemente creo lo que la tradición afirma poéticamente: «Da vida a un sueño: despiértalo».

Toteotzintzinhuan: *el lugar de nuestros difuntos venerables*

Tal vez mi lugar preferido de los sueños sea el lugar donde visito a mi abuela Josefina. Ella me da consejos, como ya he mencionado, y me consoló cuando me fui de México para difundir la tradición por todo el mundo sintiéndome más solo que nunca. Y también me indicó cuándo era el momento de volver a mi tierra.

Y el día que Rosita, mi niñera, deje este mundo para irse a otro lugar, estoy seguro de que también será mi consejera y que seguiremos estando juntos en un paraje mucho más allá de esta existencia temporal.

Estos son los nueve lugares del sueño. Ahora que los conozco siento una cierta tristeza porque la mayoría de la gente solo visita el primero, el Mictlan, y lo hace llevado por el mismo programa inconsciente de siempre sin recordar siquiera sus sueños. Es como si se hubieran cortado por la mitad de un tajo y estuvieran incompletos, como me pasó a mí durante tantos años. Pero ahora esos lugares son mi hogar.

Aunque ahora visite estos lugares sagrados muchas veces, tardé años en lograrlo, porque para sembrar tu sueño y pedir permiso para entrar en ellos hay que realizar los mexicatzin —los ejercicios de respiración— adoptando muchas posturas mientras duermes, como la de la lagartija y el perro.

En la actualidad, los soñadores van al Mictlan durante los primeros meses, o años, de aprendizaje, donde cancelan sus sueños desfavorables y encuentran los sueños que han sembrado para cambiar su vida y vencer al tonal con el nagual. He escrito sobre algunos de los otros lugares del sueño para que las personas que estén preparadas sepan dónde están cuando entren en ellos. En el futuro, si las esencias de México me lo permiten, también describiré la forma exacta para visitarlos.

Hay además algunos códigos para saber si el sueño que estás teniendo sucede en el Mictlan —es decir, si consiste en algo que ya ha muerto o es un sueño de proyección—, o si está ocurriendo realmente en uno de los otros lugares.

Uno de los códigos principales son los ojos. Ya he mencionado la importancia de los sueños rojos. Cuando por ejemplo ves a tu abuela en un sueño con sus ojos habituales, significa que estás creando el sueño, que es tu propia proyección. Pero si la ves con los ojos rojos, significa que es realmente ella. Yo presto mucha atención a los sueños en los que mi abuela Josefina aparece con los ojos rojos, porque son los más importantes. Asimismo, cuando te encuentras en el lugar de los otros naguales, sus ojos serán rojos, al margen de si se manifiestan como personas o como animales.

En la siembra de sueños, el nagual o arquetipo que elijas debe, por tanto, tener los ojos rojos. Es la única forma de estar seguro de que eres tú el del sueño, bajo la forma de ese animal, y que el sueño significa la curación, el amor o la abundancia que has sembrado antes de que se manifieste en la vida de vigilia.

TESTIMONIOS

Hace varios días les pedí permiso a dos alumnos míos de nagualismo para contar sus casos. No he cambiado sus nombres porque no hay identidad alguna que proteger —son personas reales que han hablado de sus vivencias en mi programa radiofónico en Ciudad de México— y porque todo cuanto he escrito en este libro es totalmente cierto.

Berenice Salas

Berenice vive en Ciudad de México y cuando le pedí si podía escribir sobre su caso, accedió y me dijo: «Muchas gracias por cambiarme la vida».

Berenice ha tenido innumerables éxitos en sus sueños. Pero su primer y mayor logro fue curarse a sí misma. Padecía una enfermedad autoinmune que le afectaba los pies, le dolían tanto que ni siquiera podía llevar zapatos. Sembró un sueño curativo y cuando soñó con un búho de ojos rojos volando hacia el Este supo que la curación había llegado. A la mañana siguiente se despertó totalmente curada.

Su marido le dijo que no se hiciera ilusiones porque podía recaer, pero por suerte no le volvió a suceder nunca más. Cuando ella me lo contó, exclamó: «¡Mira, llevo zapatos por primera vez en muchos años!».

Pero la historia de Berenice no se acaba aquí. Asistió al curso sobre el sueño y el inconsciente que imparto en Ciudad de México. En él doy una iniciación a mis alumnos con polvo de carne seca y triturada de serpiente de cascabel. Durante 28 días se colocan el polvo debajo de la lengua e invitan al nagual de la serpiente a entrar en su sangre, transformándolo en una serpiente de sangre, llamada *yezcoatl* en náhuatl. Más tarde penetra en los principales órganos del cuerpo: el hígado para sanar la ira, los pulmones para sanar la tristeza, los riñones para sanar el miedo, el estómago para sanar los traumas de la vida y el corazón para revertir el envejecimiento. En el linaje de la Luna, la serpiente se considera la mascota favorita de la Luna y nos concede favores cuando se lo pedimos.

El marido de Berenice le dijo: «Si vas a hacer todo ese esfuerzo, al menos pídele algo imposible».

Berenice creía que no podía tener hijos al ser incapaz de llevarlos en su seno más de dos meses debido a problemas genéticos. Pero, «sorprendentemente», tras acabar la práctica de 28 días ocurrió lo imposible: se quedó embarazada y ahora que estoy escribiendo esta historia se encuentra en el noveno mes de gestación, esperando un hijo de la Luna.

Sin embargo, te sugiero que solo tomes el polvo de serpiente de cascabel si soy yo o un sanador experimentado los que te iniciamos.

Marco, de Italia

Marco creció leyendo los libros de Carlos Castañeda y fue uno de mis primeros alumnos italianos. En aquel tiempo había empezado la crisis económica en Italia y era muy difícil encontrar trabajo, así que lo primero que hicimos fue sembrar un trabajo para él. Más tarde me contó que la gente seguía acudiendo sin más a su casa para ofrecerle trabajo.

Sintiéndose más seguro de sí mismo, sembró un sueño en el que tenía bastante dinero para hacer todos mis viajes iniciáticos en México, y lo consiguió. En cuanto conoció México decidió convertirlo en su nuevo hogar y vivir en este país. En México sembró un sueño curativo porque tenía una anomalía en la columna vertebral muy dolorosa que apenas le permitía mover el cuello. Soñó con una serpiente roja y al día siguiente descubrió que podía mover el cuello sin ningún problema y comprendió que se había curado. Más tarde, varios chequeos médicos confirmaron que la anomalía había desaparecido por completo.

También soñó con una mujer mexicana que acabaría siendo su prometida. Cuando la conoció en la vida de vigilia, supo al instante que era la chica de sus sueños y su futura pareja. A decir verdad, ya sabía muchas cosas de ella por sus sueños.

Cuando le pregunté si podía contar sus experiencias, me dijo: «¡Sergio, hoy he soñado contigo por primera vez! Claro que puedes escribir sobre ellas. Te agradezco mucho todo lo que has hecho por mí».

Hay muchas otras historias parecidas sobre el poder de los sueños, y habrá muchas más ahora que la época del sueño ha vuelto con el Sexto Sol.

Ometeotl

7 (CHICOME)

Temictzacoalli: la pirámide de los sueños

Sabemos por la tradición oral que en el México antiguo había varias pirámides escalonadas de nueve niveles coronadas en la cúspide por un *chac mool* o *tezcatzoncatl,* que en náhuatl significa «los conocedores del espejo y el agua». Era el nivel más alto de sabiduría en el nagualismo, el conocimiento oculto en la pirámide de los sueños.

Se cree que dos de las mayores pirámides de esta clase eran la de Tollán o Tula, aunque no perduró, y la que ahora se encuentra en Cholula. Estos fueron algunos de los lugares más importantes donde se enseñaban las artes del sueño y del morir.

Cada escalón de la pirámide representaba un nivel, un paso en el camino de ser un maestro de los sueños y, por tanto, un maestro de la vida y la muerte.

1. Temictli

Es el nivel más bajo de la pirámide, donde todo el mundo empieza: el sueño inconsciente, el nagual indómito, el sueño que repite nuestro pasado en el Mictlan una y otra vez y crea la prisión invisible de la luna.

2. Temixoch

Es el segundo nivel de la pirámide, el primer paso en el camino del sueño consciente y el lugar donde se encuentran todos los grandes soñadores lúcidos actuales. Como ya he dicho, consiste en unir el tonal y el nagual, en estar lúcido en un sueño y en controlarlo. Recuerda que en nuestra tradición procuramos no ir hacia abajo en un sueño, observamos lo que los elementos están haciendo e intentamos encontrarnos bajo la forma del arquetipo que hemos elegido. Esta clase de sueño nos permite crear nuestra vida. Es un gran paso hacia curar una enfermedad, generar abundancia, tener sueños proféticos, etc. Y los soñadores que deseen superar este nivel todavía alcanzarán muchas más cosas.

3. Yeyelli y pipitlin

El tercer nivel es uno de los más complicados. En él damos un paso hacia los lugares que he mencionado en el capítulo anterior y empezamos a explorar nuestros inframundos, los lugares donde nuestra mente está atrapada. Ya he mencionado que en el nagualismo los *yeyellis* son seres de energía que se alimentan de las energías y emociones negativas tanto del estado de sueño como del de vigilia, y los *pipitlin* son seres de energía que nos sustentan y animan a desarrollar nuestras cualidades positivas, como el amor, el heroísmo, la compasión...

¿Cómo sabemos cuándo estos seres nos están afectando? En primer lugar debemos analizar la vida, la medida y el movimiento de nuestros sueños (*véanse las páginas 134-137*), y también los cuatro elementos (*véanse las páginas 143-146*). Solo cuando lo hayamos hecho empezaremos a ver las historias de nuestros sueños. Si estas historias son agradables no es necesario intentar advertir en ellos nada más y podemos dejar que se desarrollen, porque en ese caso estaremos creando placer en nuestra vida.

Pero si las historias son violentas o nos producen miedo o lujuria, o otras emociones negativas, significa que hay un *yeyelli* en ese sueño que está intentando agitarnos para alimentarse de ellas, tanto en el sueño como más tarde en el estado de vigilia, donde lo experimentamos.

En este caso debemos detener el sueño. Y solamente lo lograremos respirando con el pulmón derecho.

Huitzilaman: Respirar con el pulmón derecho

- Practica esta técnica en el estado de vigilia para realizarla cuando lo necesites en el estado de sueño.

- Cierra los ojos y visualiza que respiras solo con el pulmón derecho.
- Respira sintiendo el pecho llenarse de oxígeno en el lado derecho. Siente el pulmón derecho moviéndose mientras el izquierdo permanece quieto.
- Céntrate en esta imagen y sensación durante el tiempo que desees.

No sé si es posible respirar solo con ese pulmón, pero lo que sí sé es que así lo parece. Tendrás que practicarlo durante meses antes de lograrlo —a mí me tomó mucho tiempo—, pero en cuanto adquieras el hábito lo podrás hacer mientras duermes cuando sea necesario.

◦◦◦◦◦◦◦◦◦◦◦◦◦◦

Respirar con el pulmón derecho te permite detener la acción de un sueño y observarlo. Y entonces la lógica del sueño te revelará algo: los *yeyellis*. Normalmente cuando ven que los han descubierto salen corriendo. Un practicante ávido de energía los perseguirá y los tocará para quitarles la fuerza vital, juegos que yo no comparto. Me parece que basta con descubrirlos y desmantelar el sueño, porque cuanto más advierten los *yeyellis* que los has descubierto, menos te visitan de todos modos, por lo que empiezas a controlar tus emociones tanto mientras duermes como en la vida de vigilia.

Hace poco tuve un sueño típico de esta clase. En mi sueño me destrozaban el coche, que es rojo. Logré detener el sueño y empecé a respirar con el pulmón derecho. De pronto algo me hizo meterme dentro del coche. Al abrir la guantera salió un genio de ella, soltó una risotada y se fue como un rayo: había encontrado al *yeyelli* que se estaba alimentando de la violencia en mi sueño. Podía haberlo perseguido y quitarle la energía y el poder. Pero como ya he dicho no me gusta hacerlo, aunque reconozco que cuando era más joven los había perseguido porque me gustaban este tipo de juegos. El sueño del coche se terminó al instante y, siguiendo el consejo de mi niñera, le di la vuelta a la almohada y cambié de sueño.

También advertí que me había sucedido la noche que me había acostado sin protegerme. Para protegernos normalmente nos ponemos una semilla en el ombligo y la sujetamos con una cinta roja. Así los ataques de los *yeyellis* se reducen mucho. Este consejo te puede cambiar la vida, porque aunque no tengas sueños lúcidos lo más probable es que te libere de la carga emocional de tus sueños.

4. Tlatlauhqui Temictli

El cuarto nivel de la pirámide es el lugar sagrado de los sueños rojos, los que aparecen en rojo aunque normalmente no sean de este color, los sueños que nos traen recuerdos de cuando estábamos en el vientre materno y que pueden curarnos regenerando el cuerpo de una forma que a la mente le parece imposible.

Cuando queramos sembrar sueños debemos empezar cambiando nuestros sueños en sueños rojos. Todo cuanto no sea rojo en esa realidad, como la lluvia, los árboles, el mar, etc., se debe cambiar para que se vuelva rojo. De esta manera adquiriremos el hábito de hacerlo. Cada vez que tengamos un sueño lúcido debemos intentar que se vuelva rojo.

Hay unos métodos en particular para que un sueño se vuelva rojo, como cruzar el agua, pasar por una puerta o meternos en una imagen o fotografía.

En cuanto le ordenemos al sueño que se vuelva rojo, la escena cambiará de repente y empezaremos a ver cosas maravillosas de color rojo que le recordarán a nuestro cuerpo su origen y entonces este ordenará la regeneración.

El sueño rojo también es la frontera entre los llamados sueños que acaecen dentro de nosotros y fuera de nosotros, los sueños individuales y los colectivos. Si nos sentimos motivados a hacerlo, podemos cruzar esta frontera y tomar la responsabilidad, el poder y la magia de los sueños colectivos.

5. Acatl

Acatl significa «caña». En el México antiguo se decía que un líder debía ser como una caña —hueco por dentro—, porque para tomar las mejores decisiones no debía tener corazón. Pero en el fondo esta imagen se basaba en la filosofía subyacente. Se dice que a Quetzalcóatl le llamaban Ce Acatl, «una caña», y a Tezcatlipoca Ome Acatl, «dos cañas», que significa que además de ser líderes podían actuar a la perfección en el quinto nivel de los sueños.

Este nivel consiste en acceder a los sueños colectivos, donde se encuentran las creaciones de todos los seres y de todo. Un buen rastreador llega a este nivel, que aparece como una jungla, un bosque o un cañaveral, y reconoce en él su propia creación y la de los demás.

En este nivel no podemos movernos con nuestra forma humana, pero es posible hacerlo bajo la forma de naguales mucho más avanzados, como la lluvia y el viento, y también influir en el mundo exterior al igual que estos elementos hacen en nuestra realidad de vigilia, afectando a muchas más personas que simplemente a una sola.

Cuando mucha gente aprende a ir a este nivel, necesitamos una gran cantidad de aliados, como plantas con determinados códigos para reconocerlas. Y además debemos cuidarlas en el *tonal*, porque ellas cuidarán de nosotros si cualquier otro maestro de los sueños quiere atacarnos.

Al llegar a este punto nos encontramos con uno de los dilemas más difíciles de resolver: el uso que le daremos a esta clase de conocimiento. Todavía me pregunto si debo escribir acerca de él o si es mejor dejar que las cosas sigan como hasta ahora, revelándolo solo a un círculo muy reducido de personas.

Tener este conocimiento también pone a prueba nuestro carácter y nuestro control emocional, porque podemos usarlo para vengarnos de los que nos han hecho daño, para someterlos a nuestra voluntad o para volvernos ricos y poderosos. Una vez has aprendido a ser un nagual del viento o de la lluvia, ¿qué harás con ese poder? Conozco a personas que han tomado caminos muy distintos. Algunas, entre ellas Armando, han servido a gente poderosa y otras, como yo, no hemos estado seguros de qué era mejor y, para evitar pasar a este nivel, nos hemos dedicado a enseñar o a explorar otros niveles.

Al final nuestro objetivo debe ser una muerte iluminada. Creo que en este nivel podemos quedar atrapados en el juego del poder.

6. Tecpatl

Tecpatl significa «pedernal». La tradición afirma que estos objetos de obsidiana son cuchillos de barro, la base del mundo mineral. Este nivel está regido por el sueño de las piedras y se alimenta de la energía de los niveles inferiores, por lo que se decía que nos crearon del barro y éramos el sueño del reino mineral, una conciencia más vetusta y profunda que la nuestra. También se decía que éramos el sueño de la Tierra y que después de soñar con nosotros, nos creó.

Muchas personas creen que los minerales y la Tierra nos pertenecen y que podemos hacer con ellos lo que nos plazca. Pero esto no es más que la ilusión de estar viviendo en el tonal. En el nagual es el nivel mineral el que se alimenta de la energía de los niveles inferiores.

Al ir a este nivel recibiremos de él un montón de *teotl*, energía, pero también deberemos enfrentarnos a los *yeyellis,* que siempre quieren quitárnosla. Por esta razón tenemos que saber protegerla. Lo podemos hacer mediante rituales muy complicados celebrados en México con cuchillos de obsidiana para crear un espacio sagrado donde protegerla. En este nivel a muchos soñadores les gusta intercambiar favores energéticos con los *yeyellis,* otro juego que yo no comparto, pero sin duda es otro nivel que debes conocer si deseas ascender a los niveles superiores de la pirámide del sueño.

7. Tocatl

Tocatl significa «araña», la araña que teje los sueños colectivos, la que une los destinos en el estado de sueño, la que hace todas las conexiones, la que entreteje el soñador con el sueño que experimentará más tarde. Es aquí donde podemos conocer a la pareja que tendremos antes de encontrarla en el estado de vigilia, o el trabajo que haremos, o la casa en la que viviremos, etc.

Personalmente, creo que es el nivel más emocionante de los sueños. Sin embargo, no es fácil llegar a él, ya que significa ir más allá de nuestras proyecciones y deseos para entrar en el mundo de la creación colectiva. Necesitamos entrenarnos para lograrlo. También es necesario conseguir una pareja de sueño con la que encontrarnos en el sueño colectivo. Debemos reunirnos con ella al menos veinte veces. En esos encuentros compartiremos las experiencias y las corroboraremos más tarde. Es la única manera de asegurarnos de haber abandonado el Mictlan, el mundo de la proyección, para ir al mundo de la creación auténtica.

Hay otros códigos secretos, formas de invitar a otras personas a nuestros sueños, códigos que necesitamos conocer para reconocernos unos a otros. Sin embargo, mis maestros coinciden en que no es el momento oportuno para describirlos en un libro. Tenemos que dominar el sueño individual, el rojo, antes de saltar a la red de la creación.

Mis alumnos avanzados y yo nos hemos invitado unos a otros a asistir a ceremonias del sueño durante la luna llena. Si logramos soñar con lucidez, podemos ir a esta clase de ceremonias y experimentar lo que planeamos hacer en ellas. Después compartimos nuestras experiencias y comparamos los detalles. Lo cual es muy interesante, porque cuando descubres que has vivido situaciones similares que no se habían decidido de antemano, ves que no te las has imaginado, que han sucedido de verdad. Y estas ceremonias son los rituales más poderosos de todos.

Estoy escribiendo este capítulo en México. La semana pasada había luna llena y estoy muy satisfecho porque vi a la mayoría de mis parejas de sueño, y la mayor parte de alumnos que habían sembrado sueños de la ceremonia lograron soñar con ella con lucidez. Es impresionante poder confirmar después la experiencia.

El mundo es tal como lo soñamos y una ceremonia en el estado de sueño es mucho más poderosa que una en el estado de vigilia. Las celebramos en luna llena porque es cuando disponemos de más energía y de mejores oportunidades de recibirla. La luna llena, al igual que los solsticios y los equinoccios, es el mejor momento para hacer las ceremonias, porque es cuando podemos obtener más ayuda de la que nos podemos imaginar.

8. Alebrijes

Las alebrijes son unas figuras artesanales mexicanas de colores vivos que representan criaturas híbridas de distintas especies mezcladas de animales: por ejemplo, un conejo con cabeza de jaguar, un perro con cabeza de águila y otras combinaciones. Se parecen mucho a las famosas esfinges de Egipto, la única diferencia es que en México los cuerpos humanos nunca se combinan con formas de animales, pero las alebrijes solamente tienen forma de animales. Son lo único que nos queda del conocimiento antiguo del octavo nivel de los sueños, y las crearon los naguales antiguos para proteger lo más preciado para ellos: el noveno nivel.

Para alcanzar el noveno nivel tenemos que ir con una pareja de sueño a un sueño compartido y evitar las alebrijes. Estas figuras, como las esfinges, desafiarán, cuestionarán e incluso destruirán a los soñadores que se enfrentan a ellas en la penúltima prueba del camino del nagual. Si superamos esta prueba podremos movernos a voluntad no solo en el mundo energético, sino también en el físico.

9. Cochitzinco

Esta palabra significa «el lugar sagrado del sueño», el lugar de oscuridad de donde surge la luz, un lugar donde no hay sueños, solo oscuridad en movimiento. En él accedemos a la mente de Centeotl, el Águila Negra, el lugar del plan primigenio.

Es la última prueba relacionada con el poder y el ego. Aquí tenemos la opción de intervenir o no intervenir en el plan primigenio. Lo que elijamos hacer dependerá de si somos un nagual o no, y de si logramos trascender la luz y la oscuridad de la mente. Y además las decisiones que tomemos en este lugar tendrán un impacto en nuestro destino y en el de muchas otras personas.

Nos encontramos en la cúspide de la pirámide de los sueños como la que no perduró en Tula, la que tenía un *chac mool* en la postura conocida mundialmente, con un cuenco con agua o un espejo de obsidiana en el ombligo. México, un país entero, tomó el nombre de esta postura, el lugar de la Luna, donde en los años venideros se recordará su gran destino: el sueño.

Pero para ser unos *tezcatzoncatl* vivientes debemos movernos con soltura entre los mundos del tonal y el nagual. Y solo lo lograremos aprendiendo a manejar los dos vehículos que conectan estos dos mundos: el agua y el espejo.

Ometeotl

8 (CHICUEY)

Tezcatlipoca: el espejo humeante

Para entender la importancia del espejo humeante o de obsidiana tenemos que volver a la cosmología tolteca-mexica que he descrito antes.

Se dice que Centeotl, el Águila Negra, el principio creativo, reside en el decimotercer cielo. Para empezar a volar, o a crear, el Águila Negra tenía que reflejarse a sí misma, crear un sujeto y un objeto. Se dice que todo cuanto conocemos, desde la Tierra hasta los confines del cosmos, si es que los tiene, no es más que el reflejo de Centeotl en ese espejo primigenio, el espejo humeante, Tezcatlipoca.

Algunas descripciones de Tezcatlipoca, el dios en las crónicas antiguas, proceden de esta idea de dualidad. Fue descrito como «el que te lo da o te lo quita todo» y «el que te lleva a la guerra o a la paz», conceptos que casi desaparecieron de la historia, ya que la naturaleza dual de Tezcaltipoca no encajaba en la mentalidad cristiana.

Los primeros seres que se reflejaron en el espejo, pero que ya formaban parte de la ilusión del reflejo, fueron Ometecuhtli y Omecihuatl, el Señor Dos y la Señora Dos. Tuvieron cuatro hijos llamados todos Tezcatlipoca en honor del reflejo primigenio y para recordarnos que ya formaban parte de la ilusión.

En algunos códices, Tezcatlipoca aparece con los ojos vendados, la cabeza rodeada de humo y un espejo en lugar de uno de sus pies, reflejando el cosmos. Esta ilustración es la única forma de entender la importancia del espejo y del agua como las dos herramientas principales no solo para aprender esta verdad a través de la tradición oral, sino también para hacer que cobre vida y percibir que somos el reflejo y el que está siendo reflejado a la vez, es decir, el tonal y el nagual.

Ya he contado cómo conseguí este conocimiento. Tuve un sueño que me llevó a Tula en busca de algo extraordinario, y lo encontré de la forma más increíble cuando le pedí a un artesano que me consiguiera un cráneo de cristal y él me presentó a su compadre Armando, poseedor de un espejo de obsidiana que yo deseaba comprar. Al poco tiempo se ofreció a enseñarme a usarlo.

Armando es la persona más misteriosa y enigmática, y más interesante al mismo tiempo, que he conocido en México. Me enseñó a usar el espejo de obsidiana por una cantidad que en aquella época era una fortuna, pero como quería aprender a manejarlo a toda costa, ahorré el dinero que me pedía.

Lo primero que Armando me advirtió fue que no quería volverse popular. Había accedido a ser mi maestro por el dinero y a causa de su linaje, ya que estaba obligado a transmitir esta clase de conocimiento a alguien. En aquel tiempo yo era un presentador radiofónico popular, pero me pidió que no le hiciera ningún tipo de publicidad a diferencia de otros maestros, porque yo siempre había hablado abiertamente de ellos. Ahora puedo decir que su motivación no fue el dinero, ya que me transmitió un conocimiento valiosísimo que no he encontrado en ninguna otra parte. He estado preguntando entre los practicantes de mexihcayotl, la esencia o energía mexica, y no hay nadie tan diestro en el uso del espejo y el agua como él, y ahora yo. Si la motivación real de Armando fuera el dinero, lo consideraría bien invertido porque ahora sé que me topé con el último *tezcatzoncatl*, conocidos en el pasado como los versados en el uso del espejo y el agua.

Le pregunté a Xolotl, mi otro maestro, si conocía a alguien tan habilidoso en el uso del espejo como Armando, ya que Xolotl había pasado muchos años yendo de una comunidad nahua a otra, pero me dijo que no conocía a nadie tan bueno. Me contó que al igual que los naguales, los que usaban el espejo habían sido acusados de brujería y que los conquistadores los habían exterminados casi por completo. Afirmó que hacía unos ochenta años un hombre llamado Carlos Ome Tochtli había sido apedreado hasta la muerte por su comunidad por trabajar con el espejo. Más tarde todo el mundo le había echado la culpa de las desgracias que había sufrido la comunidad. Xolotl añadió que conocía otros casos parecidos y que por esta razón esta clase de conocimientos se habían perdido casi por completo.

Armando solo me dio siete clases, pero me enseñó muchas cosas sobre el sueño. En especial el arte perdido u oculto del manejo del espejo de obsidiana. Y estas prácticas eran algunas de las que más me inspiraban y entusiasmaban.

Recibí mis lecciones en la Tula Antigua, un lugar al lado de la zona arqueológica de Tula incluso más antiguo que la parte conocida como la metrópolis tolteca, donde habían estado haciendo semiexcavaciones. La Tula Antigua no está abierta al público y casi nadie sabe su existencia, pero los que conocen el lugar lo pueden visitar libremente. Hay un templo del viento dedicado a Quetzacóatl, una construcción parecida a una pirámide pequeña, y allí es donde recibí mis lecciones. Armando afirmaba que el campo donde había encontrado las antigüedades mientras cavaba la tierra durante la época de la cosecha estaba muy cerca de ese lugar.

Al principio me hizo preguntas sobre mí como: «¿Qué conoces de ti?» Y «¿Quién crees que eres?». Como es lógico, le respondí: «Soy Sergio, tengo "x" años y hago esto y aquello», es decir, le respondí con la idea que albergaba de mí.

Armando repuso: «Has caído en la trampa del Tezcatlipoca porque estás describiendo a la persona que ves en el reflejo». Y añadió: «Casi todo el mundo no conoce más que su propio reflejo, que de todos modos está invertido en el espejo, porque la parte derecha refleja la parte izquierda».

Me animó a intentar tocar mi reflejo en el espejo. Lo intenté varias veces.

Luego me preguntó: «¿Crees que vale la pena esforzarte tanto por algo que no puedes tocar ni sentir?».

Fue un momento crucial en la visión que tenía de mí, porque empecé a verme como dos seres distintos: el reflejo y el que estaba siendo reflejado. Al hacerlo me dio la sensación de estar viviendo en dos universos paralelos totalmente distintos uno de

Reflejo en el espejo humeante

otro: el mundo del reflejo y la realidad de aquello que estaba siendo reflejado, es decir, el tonal y el nagual.

Después me hizo otra pregunta que sacudió mi propio mundo: «¿Estás seguro de que lo que tú ves en el espejo es lo que ven los demás cuando te están mirando?». Y añadió: «Nunca lo sabrás. Mírate —tus alumnos ni siquiera se han mirado a sí mismos aún, pero tú estás todo el tiempo preocupado por lo que dirán de ti y por cómo complacerlos. ¡Y no tienes idea de lo que están siquiera mirando cuando te miran! ¡Pobre, qué lástima!».

Supongo que fue entonces cuando mi vida dio un vuelco y acepté el Sexto Sol. Dejó de importarme tanto lo que los otros veían al mirarme y noté un cambio interior importante. Dejé de centrarme en lo que ocurría fuera y empecé a mirar con más atención lo que pasaba dentro de mí, y comprendí que esta clase de introspección solo podía llevarse a cabo si observabas tus sueños.

La primera práctica que Armando me enseñó fue cómo respirar para expandir mi conciencia, y luego la de la visión del Águila Negra, que yo ya conocía. La había aprendido en mi infancia de mi niñera, aunque no sabía cómo se llamaba. Pero nunca la había aplicado a mi mundo interior, solo al exterior. En cuanto lo hice logré ver en el espejo luz o oscuridad, pero no mi propio reflejo.

Me produjo una sensación muy extraña estar plantado frente al espejo mirando la nada y contemplado lo que yo habría llamado el vacío.

Armando me dijo: «Esto es lo que en verdad somos, y cuando lo entendemos, podemos ser cualquier cosa que queramos».

Me obligó a seguir un buen rato así, sonriéndole a un espejo que no me reflejaba nada, y entonces me dijo que esta práctica uniría mi ser interior, mi inconsciente, el reflejo, con el que estaba siendo reflejado, mi Tezcatlipoca.

Más tarde, Xolotl me enseñó todos los nombres del Tezcatlipoca negro de la tradición ancestral, nombres que resumían la esencia del ser interior:

1. *Moyocoyani:* la esencia del ser interior, es decir, el primer reflejo en el espejo que da origen a todos los seres.
2. *Yocoya:* la idea que tenemos de nosotros mismos. (Es decir, un reflejo.)

3. *Monenequi:* la historia que creemos haber vivido, aquel que creemos que nos ha hecho tal como somos.

4. *Moquehqueloa:* la voz interior basada en esta historia que nos está bombardeando constantemente con críticas y negatividad.

5. *Tlahnequi:* lo que estamos creando con nuestra energía, con nuestra fuerza sexual.

6. *Yaotl:* el enemigo interior que nos sabotea y boicotea.

7. *Necoc Yaotl:* la parte de nosotros a la que le gusta crear conflictos.

8. *Telpochtli:* la parte interior nuestra que se deja llevar por las tentaciones y las debilidades.

9. *Chalchiuhtotolin:* la ilusión de sentirnos superiores o inferiores a los demás.

10. *Nezahualpilli:* la parte de nosotros que puede superar nuestras debilidades.

11. *Ixnextli:* la parte de nosotros que puede ver la verdad más allá del reflejo.

12. *Metztli:* el nagual, la parte de nosotros que sueña.

13. *Oztoteotl:* nuestro gran potencial después de lograr controlar nuestra cueva, es decir, el inconsciente.

14. *Tepeyolohtli:* la parte de nosotros que ayuda a los demás con nuestra fuerza interior.

Más tarde combiné las lecciones de mis dos maestros y creé un ejercicio con el espejo de obsidiana que consiste en ver todas y cada una de las parte del Tezcatlipoca en nosotros mismos. Lo cual nos permite analizar a fondo nuestro yo interior, y luego cambiamos totalmente la visión que tenemos de él haciéndola desaparecer y pidiéndole al espejo que se la lleve. Esta técnica es una de las más conocidas en los cursos que doy por todo el mundo. Muchos alumnos me han dicho: «Treinta y seis días ante el espejo me han ayudado mucho más que el trabajo interior que llevo haciendo toda la vida. Es increíble hasta qué punto mi yo interior se ha limpiado y sanado».

En otras clases Armando me enseñó muchas distintas formas de percibir lo que me era desconocido, como la percepción del quetzal (*véase la página 197*), que nos muestra otros tipos de visión aparte de la nuestra. Y progresé mucho en ello porque aprendí, simplemente mirando mi reflejo en el espejo, a alterar mi percepción y a ver a mis antepasados. Descubrir que tu cara cambia y que empiezas a ver a los que te precedieron mirándote es de lo más emocionante. Y entonces aprendí a comunicarme con ellos.

Muchas de mis ideas ilusorias sobre el tiempo y el espacio se hicieron trizas de golpe al ver que el mundo de los muertos era un universo paralelo que el espejo nos permitía ver. Y lo más importante es que la muerte dejó de darme miedo. Comprendí que no existía. Y entonces mis sueños empezaron a florecer.

Una de las prácticas más hermosas que aprendí con el espejo fue a invocar a las *cihuateteo*, los seres que representan las mujeres que murieron dando a luz. De pie frente al espejo invocas a una de ellas y aparece bajo la forma de una mariposa para ofrecerte todo el amor que no le pudo dar a su hijo. Entonces le pides que se lleve tu mayor problema al mundo de los muertos. Será una experiencia muy curativa para ambos, y ella velará por ti y tú velarás por ella, algo que siempre me ha parecido muy poético.

Otro ejercicio muy hermoso que podemos hacer con el espejo tiene que ver con las arrugas de la cara. Se cree que representan los surcos que hemos ido dejando en la Tierra, nuestras huellas. En él aprendes a observar con los ojos todas las «líneas de expresión» de tu cara para sembrar tu reflejo futuro por medio de las líneas que marcarán tu camino en la Tierra.

Una de las cosas más impresionantes que aprendí durante las siete lecciones de Armando fue a ver mi *teyolia,* el camino de mi alma, porque te muestra quién fuiste en tus vidas anteriores y las partes de tu mente que están atrapadas en el inframundo. Según Armando, cuando morimos sin ser conscientes de estar muriendo nos quedamos atrapados en un sueño que se repite indefinidamente y a veces es un sueño relacionado con enfermedades o limitaciones. Esas vidas se convierten en partes de tu alma y siguen perdidas hasta que aprendes a recuperarlas.

En resumen, la percepción del quetzal te mostrará el rostro de quién fuiste en otras vidas y las huellas de tu alma.

Una de las experiencias más asombrosas con esta técnica fue cuando le pregunté al espejo: «¿Por qué tengo tantos problemas nasales y alergias?». Mi reflejo cambió de inmediato y apareció un hombre calvo sin nariz. Le pregunté al espejo: «¿Qué me pasó?». Y mi reflejo me respondió: «Lepra».

Pero lo más sorprendente aún fue aprender a recuperar esas partes perdidas de mi alma. Tienes que abrir la energía en el espejo para traerlas de vuelta y recuperar todo tu poder sin tener que sufrir los vientos antiguos. Después de hacerlo, mis problemas nasales se fueron casi del todo.

Más tarde decidí unir lo que había aprendido de Xolotl sobre los inframundos mexicas con las enseñanzas de Armando para crear una técnica en la que limpiamos los inframundos buscando cualquier parte de nosotros que hayamos perdido en ellos, ya sea en esta vida o en las anteriores. Después abrimos el espejo para recuperarlas y de esta forma sanamos tanto nuestros traumas inconscientes como los problemas que estamos teniendo debido a nuestras vidas pasadas.

Es importante hacer estos ejercicios con determinación y respeto. Armando me dio una gran lección en una ocasión en la que le dije que me gustaba ver mi cara cambiar en el espejo por pura diversión. Él me soltó: «¿Lo ves? Por eso no me gusta enseñárselo a la gente, ¡porque se vuelve loca!».

Me explicó que a los que hacen este tipo de cosas el espejo más adelante les engaña, porque no pueden controlarlo ni darle órdenes. Me recalcó que cuando yo trabajara con el espejo lo hiciera con un gran respeto y diciéndole lo que quería ver decidido a controlarlo, exactamente como se hace en los sueños. Solo logras dominar tu yo interior cuando has aprendido a controlar los sueños y el espejo.

Luego Armando me enseñó a cambiar el color del espejo alterando mi respiración y adquiriendo la percepción del guacamayo. Con esta clase de visión cuando te miras al espejo tu imagen desaparece y ves luces de colores. Recuerdo haber visto algo parecido cuando tomaba sustancias alucinógenas de joven. Es muy impresionante la forma en que la respiración altera la percepción. Al mirar al espejo no ves más que luces de colores fosforescentes.

Más tarde aprendí que esto sucede cuando los hermanos del Tezcatlipoca negro (que nacieron después de él según la tradición) toman el control del espejo, impidiendo que el Tezcatlipoca negro lo siga dirigiendo.

Asimismo, vemos un color rojo luminoso cuando Xipe Totec, el Tezcatlipoca rojo, Señor de la Muda de la Piel, es el que controla el espejo, haciendo posible prácticamente cualquier clase de curación. También vemos un color verde jade precioso cuando Tlaloc, Señor de las Aguas, controla el espejo, permitiéndonos cambiar nuestras emociones y sanarlas. Si aparece un color azul fuerte indica que Huitzilopochtli, el Tezcatlipoca azul, el colibrí volando hacia la izquierda, está controlando el espejo y permitiéndonos ver el futuro. Por lo que el espejo nos da el don de la profecía. Y si vemos un color amarillo o blanco, indica que disponemos del conocimiento de Quetzalcóatl, el Tezcatlipoca blanco.

Por más fácil que parezca, obtener lo que deseas del espejo es muy complicado, porque cambia de color a voluntad, y esto significa que tu ser interior oculto, tu Tezcatlipoca, te está dominando. Significa que tampoco puedes controlar tus sueños. Me llevó años dominar los colores en el espejo mientras practicaba por mi cuenta lo que Armando me había enseñado, y todavía hay veces en las que estoy en baja forma y no logro mantener el mismo color en el espejo.

Como ya he mencionado, al ver el color azul el espejo te lleva al reino de la profecía. Es increíble cuando le pides al espejo que te lleve al futuro y tu reflejo va envejeciendo ante tus propios ojos. Advertí que me habían empezado a salir arrugas y que había engordado, pero al recuperar mi percepción normal me di cuenta de que volvía a tener el mismo aspecto habitual. Descubrir que puedes hacer que tu reflejo se mueva a lo largo de la línea del tiempo es muy excitante, porque cuando ves que has envejecido significa que has entrado en el futuro y entonces puedes preguntar qué ha sido lo que te ha pasado. Las respuestas que recibas tal vez te permitan cambiar el curso de tu vida.

El espejo respalda la visión de los antepasados del cosmos como una flor. Cuando un simple cambio de percepción te permite ver a tus ancestros, comprendes que en tu vida actual estás viendo el mundo desde una sola perspectiva y te das cuenta de que todas ellas son una.

Ahora por primera vez revelaré algo sobre la clase de percepción que te permite hacer desaparecer el espejo. Si lo sostienes ante ti y alteras tu percepción, a veces se vuelve invisible aunque notes que lo estás sosteniendo entre las manos. A muchos de mis alumnos les ha pasado.

En una ocasión Armando hizo desaparecer el espejo delante de sus propios ojos, aunque yo siguiera viéndolo. Y de pronto le arrojó una piedra. Sorprendentemente, ¡la piedra lo atravesó!

Fue una experiencia fascinante y me confirmó que todo no es más que una ilusión, un reflejo en un espejo. No lo he mencionado antes porque Armando me hizo prometerle que no lo contaría hasta poder hacerlo yo también. Durante varios años, cuando veía el espejo desaparecer en mis manos, le arrojaba un objeto, pero simplemente rebotaba, como sucede con los objetos sólidos.

Sin embargo, hace unos meses mientras limpiaba mi cueva, el inconsciente, el espejo se volvió invisible y sin intentarlo, cogí lo que tenía a mano —un trozo de copal (resina aromática)— y al arrojarlo al espejo lo atravesó. Por eso puedo contarte ahora esta historia.

Mi maestro era amigo de uno de los guardias de seguridad del yacimiento arqueológico de Tula y logró que me permitieran visitarlo con él una noche para recibir una lección. Armando me dijo: «Quiero demostrarte que los Atlantes se mueven y hablan cuando te quedas solo en este lugar por la noche».

Los Atlantes son cuatro pilares enormes de piedra labrada con forma de guerreros toltecas que se encuentran en la cima de un templo piramidal.

Fuimos a la zona arqueológica y subimos a la pirámide. Entonces mi maestro me dejó solo, diciendo: «Si te concentras, los oirás».

Me quedé ahí un rato sin oír nada. Pero de súbito oí un ruido viniendo de las piedras de detrás de los Atlantes. Parecía el gruñido de un animal y me dio un susto de muerte.

Para mi sorpresa, Armando salió de la parte de atrás de la pirámide. Dándome unas palmaditas en el hombro, me dijo: «No tengas miedo. Ya te he dicho que hablan».

«¿De dónde vienes?», le pregunté desconcertado. Le había visto bajar la escalera, era imposible que pudiera aparecer por la parte trasera de la pirámide porque en esa zona no había escaleras.

Me respondió: «Nunca he bajado las escaleras».

Yo sabía perfectamente que no era verdad, porque me había quedado solo un buen rato, pero cuando estuve con él pasaron un montón de cosas extrañas. No pretendo que parezca algo extraordinario ni tampoco apartarme del tema hablando de experiencias sobrenaturales, porque estoy convencido de que la clase de conocimiento que me dejó es mucho más importante que cualquier otra cosa. Pero le pregunté: «¿Eres un nagual?».

Él se echó a reír y me dijo: «¿Realmente crees que existen?».

Aquella noche me enseñó a sacar luz del espejo, es decir, a cambiar mi percepción y ver la obsidiana desaparecer entre mis manos, y luego a ver salir luz de ellas en forma de bola de fuego, de pura energía, girando como las galaxias. Armando lo llamó: «volverse Quetzalcóatl mediante el espejo», es decir, ser capaz de crear luz de la oscuridad, convertirte en tu propio creador. He enseñado esto en algunas partes del mundo y cada vez que lo hago recuerdo aquella primera vez en Tula, aquel momento extraordinario en la pirámide por la noche, cuando sentí que en realidad no estaba en ese lugar, sino en medio del cosmos, creando.

Armando también me enseñó a luchar, a atrapar seres en el espejo y a intercambiar favores con ellos a cambio de liberarlos. No escribiré sobre esta clase de cosas porque el propósito de este libro es revelar al mundo el conocimiento antiguo de México. Pero reconozco que lo que me enseñó era a veces de una naturaleza extremadamente dual, como él mismo.

Después de aquella noche Armando desapareció. De eso hace ya ocho años y desde aquel día no lo he vuelto a ver. Según lo que me dijo, su cliente más importante acababa de perder en unas elecciones para un cargo público, así que tal vez Armando debía desaparecer. Su compadre afirma que se lo tragó la tierra, una expresión usada en México cuando nadie sabe dónde se ha ido alguien. No sé si volverá a aparecer algún día. Mientras tanto, sigo practicando todo lo que me enseñó.

Quiero dejar claro que he escrito este capítulo para revelar la clase de conocimiento secreto que va unido al del soñar: el manejo del espejo de obsidiana. Pero no es mi intención ofrecer en este libro algunas de las técnicas para usarlo por varias razones. En primer lugar, porque es muy difícil conseguir un espejo de obsidiana adecuado, ya que debe tener unas medidas exactas basadas en las matemáticas cósmicas para llevarnos a lugares seguros, y además hay que programarlo con la energía de la luna. Y en segundo lugar, porque estas técnicas no se pueden enseñar fácilmente en un libro. El espejo de obsidiana se merece todo tu respeto, por eso un maestro debe guiarte en su manejo. Si no lo respetas te controlará él a ti y te arruinará la vida. Pero si tú lo controlas, te cubrirá de gloria, que es como los mexicanos antiguos describían al Tezcatlipoca.

No hace mucho me enteré de una historia que demuestra que si no controlamos el espejo nos hará enloquecer. Durante los últimos años he estado dando muchos cursos en Londres, donde me contaron la historia de John Dee, astrólogo y mago de la reina Isabel I de Inglaterra.

Uno de sus instrumentos mágicos preferidos, que se encuentra ahora en el Museo Británico, era un espejo de obsidiana. Se dice que al principio el espejo le dio muchísimo poder y que incluso le reveló el alfabeto de los ángeles, pero luego empezó a darle órdenes, obligándolo a abandonar su tierra y haciéndole perder su buena suerte. Acabó su vida medio loco, viajando de un lugar a otro bajo las órdenes del espejo. El espejo se lo dio todo, pero también se lo quitó todo.

He citado esta historia porque en cuanto llegas a la cima de la pirámide de los sueños, lo que viene a continuación es volverte un *tezcatzoncatl* o *chac mool*, usando el espejo con agua y la tradición del sueño, lo cual describiré en el último capítulo.

Pero primero te presentaré un testimonio muy especial que tiene que ver con la organizadora de mis seminarios en Ashland (Oregón).

Valerie Niestrath

En las conferencias que di en Hawai, que he mencionado antes, una de las personas asistentes fue Valerie Niestrath, una señora americana que vivía en Ashland (Oregón). Antes de haber siquiera abordado yo a la gente del grupo, ella me dijo que sintió una fuerza y una luz especial a sus espaldas. Al volverse para ver de dónde venía, me vio por primera vez.

Poco después de haber dado yo una charla sobre sanación, me invitó a dar charlas en Estados Unidos. Así que empecé a trabajar con ella, impartiendo distintos cursos por todo Estados Unidos.

En noviembre del 2012 me pidió consejo, le habían diagnosticado un cáncer de mama. Era un tipo de cáncer muy agresivo y los médicos le sugirieron una mastectomía doble. Le respondí que no había curación más poderosa que la de la limpieza de la sombra en el espejo de obsidiana (un ejercicio que describo en mi primer libro, *2012-2021: el amanecer del Sexto Sol*). Le sugerí que primero hiciera esto y, si no le funcionaba, que se sometiera a la operación.

Realizó el ejercicio durante 36 días. También viajó a México y participó en una ceremonia iniciática que organicé en el 2012, en la que afirma que notó un gran cambio. Sin embargo, programó su operación para el febrero del 2013.

Poco antes de la operación los médicos le hicieron varias pruebas otra vez y descubrieron, para su sorpresa, que los tumores habían desaparecido.

No estoy sugiriendo que el uso del espejo sea un remedio para el cáncer, sino que estoy compartiendo las experiencias de una de mis alumnas como testimonio del antiguo poder del espejo para transformar y curar. Le estoy muy agradecido a Valerie por haberme abierto las puertas en Estados Unidos y también porque cuando le pedí si podía contar su historia en este libro accedió enseguida, diciendo: «Claro, te ayudaré en cualquier cosa que sirva para apoyar tu tradición y tu labor».

Te doy las gracias, Valerie, por haber hecho que las enseñanzas de Tezcatlipoca cobraran vida.

Ometeotl

9 (CHICNAHUI)

El *chac mool*

Soñar era tan importante en el México antiguo que la postura adoptada por los soñadores lúcidos más avanzados, «los conocedores del espejo y el agua», siempre se encontraba en la cúspide de los templos. Esta postura, el famoso *chac mool* o *tezcatzoncatl*, representa la disciplina más avanzada del México antiguo: la fusión del sueño lúcido y del espejo de obsidiana.

Muchas de las estatuas de piedra del *chac mool* encontradas en México, en especial algunas de la zona maya, sostienen un cuenco con agua en el ombligo. Las palabras *chac mool*, traducidas a menudo erróneamente como «dios de la lluvia», significan en realidad «cuenco con agua». En el área nahua, el *chac mool* sostiene un platillo sobre el que al parecer se colocaba un espejo de obsidiana o de oro. El primero simbolizaba a Tezcatlipoca y el segundo a Quetzalcóatl.

El regalo más valioso que me gustaría darle a cualquier persona que lea este libro es la técnica del *chac mool* o del *tezcatzoncatl*. A través de ella alcanzarás la cima de la pirámide de los sueños y empezarás una práctica que además de llevarte a muchos distintos lugares del mundo de los sueños, te dará poder para afrontar los retos y lograr al final explorar la expresión más pura de ti: tus sueños.

El verdadero significado de *chac mool*, como ya he dicho, es cuenco para el agua o la lluvia, y eso es exactamente de lo que se trata: de recoger agua de lluvia. Por supuesto, os resultará muy sencillo a algunos y muy difícil a otros, dependerá de la cantidad de lluvia que caiga en el lugar donde viváis.

¿Por qué necesitamos agua de lluvia? Recuerda que en el lenguaje del nagual, esta clase de agua simboliza lo mismo que la lluvia, lo cual es algo positivo, ya que la lluvia representa la purificación. En cambio el agua en posición horizontal, como la de los mares, los ríos, los lagos, etc., y hoy día la de los embalses construidos para suministrar agua a las ciudades, representa problemas emocionales en el lenguaje de los sueños. Conque te ad-

El chac mool

vierto que si no usas agua de lluvia, es mejor que en lugar de pasar a la técnica del *chac mool* sigas haciendo los ejercicios descritos en el capítulo 5, porque si usas una clase de agua distinta, como agua del grifo, alterará tus emociones y hará que sean muy inestables. Además, recoger agua de lluvia para la práctica sagrada que han estado realizando tus antepasados durante miles de años es una prueba muy hermosa de lealtad y de toma de decisiones.

¿Cuánta agua debes recoger? Tienes que llenar tres cuartas partes de un recipiente de 26 cm de diámetro. Puedes reutilizar el agua durante días, semanas o incluso meses. Pero tendrás que recoger agua de lluvia con regularidad para cambiar el agua usada, y después de un cierto tiempo devolverla a la Tierra. De esta forma estarás regando la tierra donde has sembrado tus sueños con el agua con la que has estado trabajando para que se manifiesten.

Antes de empezar este ejercicio, y mientras recoges agua de lluvia, tienes que haber terminado los ejercicios de las máscaras (*véanse las páginas 116-131*), haber sembrado tus sueños con la técnica del mexicatzin, y estar acostumbrado a recordar tus sueños con claridad y a cancelar los que no te convienen (*véase la página 149*). Además, tienes que haber encontrado algunos de los sueños que has sembrado y estar experimentando algunos sueños rojos. Solo será después de alcanzar todo esto y de haber recogido agua de lluvia cuando estarás preparado para empezar a explorar los distintos cambios de percepción que el agua produce.

Antes de adoptar la postura del *chac mool* y de ponerte un cuenco con agua de lluvia encima del ombligo (algo que requiere hacer muchos abdominales), debes aprender a cambiar tu percepción en el agua y a ver con la visión del Águila Negra. Lo cual significa hacer desaparecer tu reflejo hasta ver solo oscuridad. Por lo que te aconsejo que uses un recipiente de piedra oscura o negra, o al menos uno de color oscuro.

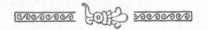

PERCEPCIÓN DEL ÁGUILA NEGRA

- Deja por ahora el recipiente con agua en un lugar seguro, y empieza a inhalar por la nariz mientras cuentas en silencio de uno a nueve, y luego exhala por la boca, contando también hasta nueve.

- Repítelo nueve veces (es decir, inhala nueve veces por la nariz y exhala nueve veces por la boca). Recuerda que el 9 representa la oscuridad de la noche, que se asocia a los sueños y a la visión interior del Tezcatlipoca negro, y en el México antiguo la noche se dividía en nueve fracciones y el día en once.

- Completa cuatro series de nueve respiraciones, es decir, 36 respiraciones en total. (En el México antiguo, el 4 es el número que más se repite en el universo, el número de la creación.) Mientras tanto, deja que tu respiración te lleve a un lugar cada vez más hondo de tu interior y cambia tu percepción hasta ver con los ojos de tu nagual.

- Toma ahora el cuenco con agua y póntelo en el regazo.

- Baja la cabeza para ver tu reflejo.

- Contempla tu reflejo. ¿Qué conoces de ti, la persona que siempre has creído ser? ¿Eres realmente la persona que estás mirando ahora o hay alguien más que debas reconocer?

- Teniendo en cuenta tu intención de adoptar la visión del Águila Negra, desenfoca los ojos para no crear ninguna tensión visual. Así dejarás automáticamente de centrarte en el cuenco con agua de lluvia y te fijarás en lo que hay más allá de él. Es un proceso muy sutil que nos permite cambiar la forma de centrar la atención en los objetos materiales que miramos.

- Empieza ahora a mover los ojos hacia los lados para utilizar la visión periférica, es decir, mueve el ojo izquierdo al máximo hacia la izquierda y el ojo derecho al máximo hacia la derecha. Es un proceso muy sencillo, aunque a la mayoría nos cuesta por no estar acostumbrados a mover los ojos en distintas direcciones a la vez. Pero a base de práctica lo conseguirás.

- En cuanto domines este proceso, hazlo con el agua.

- Entorna los ojos y mantenlos así. Ahora es cuando tu reflejo desaparecerá del agua. Intenta mantenerlos entornados durante el mayor tiempo posible. Al principio es normal volver a abrirlos sin querer ante la excitante perspectiva de ver desaparecer tu reflejo. Lo único que te ocurrirá es que entonces reaparecerá. No te preocupes, parpadea simplemente y repite el proceso hasta que tu cara vuelva a desaparecer.

- Cuando consigas mantener la percepción del Águila Negra durante mucho tiempo, da el siguiente paso. Consiste en descubrir quién eres realmente: parte de Centeotl, Amomati o el Águila Negra, la energía creadora primigenia. Reconoce tu esencia interior, tu ser interior, y sonríele. Aunque no puedas ver esa sonrisa, únete con ese ser interior, con quien realmente eres.

- En cuanto hayas terminado este proceso, recupera tu visión habitual, la visión del colibrí, y parpadea hasta volver a ver tu reflejo en el agua.

Cuando domines la percepción del Águila Negra estarás listo para el vuelo del quetzal.

Como ya he dicho, en el México antiguo el quetzal se consideraba un pájaro sagrado. Visto a la sombra, tiene un color verde precioso, pero al elevarse hacia las nubes se vuelve irisado. La percepción del quetzal, que toma el nombre de esta ave sagrada, se basa en este principio: cuando nos miramos de esta forma, además de ver el reflejo de nuestro rostro cambiar en diferentes caras y formas, experimentamos distintas líneas de tiempo.

PERCEPCIÓN DEL QUETZAL

- Inhala por la nariz y exhala por la boca, contando de uno a nueve.
- Completa cuatro series, 36 respiraciones, a no ser que lo

hagas justo después de la percepción del Águila Negra, en este caso haz solo una serie de nueve respiraciones.

- Ponte el cuenco con agua en el regazo, donde puedas contemplarlo.
- Desenfoca los ojos para relajar la tensión ocular.
- Empieza a mover los ojos hacia los lados como antes, pero esta vez no intentes hacerlo al máximo. Sigue mirando tu cara, pero deja que vaya desapareciendo hasta volverse borrosa.
- Entrecierra los ojos centrándote en el ojo izquierdo.
- Relájate.
- Observa cómo tu cara cambia de forma y viaja por el tiempo y el espacio.

En cuanto lo consigas, estarás listo para la percepción del nagual.

PERCEPCIÓN DEL NAGUAL

- En primer lugar, elige el animal con el que trabajarás. Dependerá de tus necesidades, por ejemplo, una serpiente para la curación, un cocodrilo para la abundancia, un colibrí para el amor y las relaciones, etc., según los códigos del soñar.

- Sigue el procedimiento para la percepción del quetzal (*el apartado anterior*), pero en lugar de dejar que tu cara cambie en otras caras, continúa mirándote a los ojos.
- Pídele a tu yo interior que te deje ver a través de los ojos de tu nagual y luego mira tu rostro adoptando la forma de un animal.
- Ordénale ahora al agua y a tu nagual que se transformen en el animal que necesitas, es decir, en una serpiente para la curación, un cocodrilo para la abundancia, etc.

Tal vez te lleve varios meses conseguirlo y tendrás que practicar estas técnicas con el agua en tu regazo antes de adoptar la postura del *chac mool*. Pero en cuanto empieces a practicar esta técnica recibirás todos los beneficios de los naguales con los que estás trabajando.

En cuanto domines la percepción del nagual, estarás listo para la técnica del *chac mool* o del *tezcatzoncatl*.

TÉCNICA DEL *CHAC MOOL*
O DEL *TEZCATZONCATL*

La técnica del *chac mool* se basa en los mismos principios que los de la técnica de los mexicatzin.

- En primer lugar, elige un animal con el que trabajar dependiendo de tus necesidades: una serpiente para la curación, un cocodrilo para la abundancia, un colibrí para el amor y las relaciones, etc.

- Tiéndete de espaldas con la parte superior de la cabeza, la coronilla, apuntando al este, y los pies planos en el suelo con las piernas dobladas por la rodilla.

- Ponte el cuenco con agua sobre el ombligo y sujétalo con ambas manos, pegando los codos al cuerpo. Alza ahora el cuerpo, doblándolo como en las flexiones abdominales para poder mirar el agua.

- Gira la cabeza hacia la izquierda. Así destruirás lo opuesto de lo que vas a sembrar. Recuerda que si siembras salud, tienes que destruir la enfermedad. Si siembras abundancia, tienes que destruir la pobreza.

- Inhala por la nariz y exhala por la boca mientras giras la cabeza de izquierda a derecha para desprenderte de la energía que te está generando el problema.

- Cuando hayas girado la cabeza hacia la derecha, vuelve a girarla hacia la izquierda.

- Sigue repitiendo esta secuencia hasta haber hecho una serie de 13 respiraciones.

- Gira ahora la cabeza al frente y mira el agua hasta que tu reflejo desaparezca.

- Ordénale al nagual que has elegido que se manifieste.

- Cuando veas el rostro del animal en el agua, tiéndete y deja que la energía pase del agua al interior de tu pecho y que luego vuelva a salir de él mientras dices:

- «Soy un guerrero del sueño. Estaré lúcido mientras duermo bajo la forma de este nagual y encontraré los sueños que he sembrado. Mah Tocuenmanahcan».
- De esta forma sembrarás otro sueño en el terreno fértil de tu inconsciente.
- Repite el proceso hasta haber sembrado cuatro sueños.
- En cuanto hayas sembrado el cuarto sueño, sácate el cuenco con el agua de encima del ombligo y déjalo en un lugar seguro.
- Tiéndete mientras sigues diciendo: «Soy un guerrero del sueño... etc.» hasta quedarte dormido, como hiciste con la técnica de los mexicatzin.

Te llevará un tiempo llegar a este punto, pero vale la pena porque al unir todos los elementos —tus sueños, el espejo y el agua— crearás un vínculo entre el *tonal* y el nagual que te permitirá tener unos sueños mucho más lúcidos y controlados durante el resto de tu vida. Y conseguirás usar el estado de sueño para crear tu vida de vigilia.

Es lo que a mí me motivó a escribir este libro y a compartir este secreto tolteca contigo. La vida se crea de nuestros sueños, y no de nuestros pensamientos cuando estamos despiertos. Nuestros sueños son la expresión más pura de nosotros mismos y si los cambiamos, nos transformaremos desde el núcleo de nuestro ser, la parte que rige nuestros pensamientos.

Ya he descrito algunas de las prácticas que inspiraron a los mexicanos, los toltecas, los mayas y los mexicas antiguos a construir los templos más asombrosos, a desarrollar los calendarios más precisos y a cambiar sus ecosistemas solo por medio de la intención. México es uno de los lugares donde hay una gran cantidad de especies de animales y se sabe que todas se crearon a través de las técnicas del soñar despierto o las técnicas del inconsciente, que todos los templos sagrados se construyeron en los lugares con los que los hombres de la antigüedad habían soñado, y que los mayores imperios, como el azteca, florecieron solo después de que los mexicanos antiguos soñaran con el colibrí guiándoles. Cambiar ecosistemas, crear imperios y dominar los ciclos del universo son algunas de las cosas que solo podemos hacer con nuestro yo interior, con el que sueña, y nunca en el estado de vigilia. Son el legado del poder del sueño.

Este es el auténtico tesoro de México, el que el joven *tlatoani* Cuauthémoc profetizó que resurgiría con el Sexto Sol.

Todavía nos queda mucho por recorrer en el camino de los soñadores, un camino que se extiende desde el interior de la Tierra y sus inframundos hasta la cima de la cabeza, y que nos permite experimentar distintos escenarios fuera de nuestro cuerpo y, por supuesto, alcanzar el objetivo primordial del nagualismo: explorar las 20 cuevas de poder y al final, en lugar de morir, volvernos fuego, como un Quetzalcóatl. Describiré muchas de estas cosas en otros libros futuros.

Sin embargo, si has llegado hasta aquí es porque te has vuelto un practicante de la tradición antigua del lugar del ombligo de la luna, un mexica, y me alegro mucho de que hayas tomado este camino.

Te deseo dulces sueños floridos. ¡Buenas noches!

Notas

Introducción

1. *Tlatoani*, «el propagador de la palabra», la persona que se ocupa de transmitir las decisiones tomadas por los miembros de los tres consejos que gobernaban las *altepatls* (ciudades) de Tenochtitlán, Texcoco y Tlatelolco. Se ocupaban tanto de asuntos militares como religiosos.

2. En la actualidad se conoce como la última Orden de Cuauhtémoc en el Anáhuac. Esta es la versión corta:
Nuestro Sol
se ha ocultado,
su rostro
ha desaparecido,
dejándonos en una gran oscuridad.
Pero estamos seguros
de que regresará.
Volverá a alzarse
y a brillar en el firmamento.

3. Tenochtitlán, Texcoco y Tlatelolco formaban parte de Mexihca o Mexicah, el lugar del ombligo del mundo. Los mesoamericanos que se establecieron en ese lugar del Valle del Anáhuac se concentraron en el islote de la laguna de Texcoco, donde fundaron la ciudad de Tenochtitlán, y crearon una tradición religiosa, política, cosmológica, astronómica,

filosófica y artística de gran riqueza. Su lengua materna era el náhuatl. Los nahuas que habitaban en Tenochtitlán y Tlatelolco eran llamados «mexicas» y se llamaban a sí mismos «mexincahs».

1 (Ce): Mis huellas en la tierra

1. Francisco Ignacio Madero nació en Coahuila el 30 de octubre de 1873. Fue el presidente de México que venció al dictador Porfirio Díaz. Fundó el Partido Nacional y se convirtió en un antirrevolucionario que introdujo el voto popular nacional. Fue asesinado por Victoriano Huerta en un golpe de estado el 22 de febrero de 1913.

2. Situado en la región centro-norte, San Luis Potosí es uno de los treinta estados de México que, junto con el Distrito Federal, forman parte de la República Mexicana.

3. «Las tiendas de raya» era el nombre del sistema en el que a los jornaleros les pagaban con vales o «monedas» acuñadas por la hacienda que solo se podían canjear en las tiendas de los terratenientes. Lo compraban todo a crédito con un interés altísimo y no les permitían ir a otra tienda o hacienda hasta haber saldado la deuda, o de lo contrario tendrían problemas con la policía. Otra forma de abuso era embriagar a los trabajadores hasta que se gastaban todo el dinero en las tiendas de los hacendados. Para poner fin a este tipo de abuso y a otros similares, el Partido Liberal Mexicano lideró el levantamiento de los trabajadores y los campesinos durante la Revolución Mexicana de 1910.

4. En el Imperio azteca había siete clases de guerreros: águila, serpiente, jaguar, lobo, ciervo, coyote y saltamontes. Se caracterizaban por su valor, ferocidad y disciplina. La élite militar se componía de guerreros águila, o *cuauhpipitlin*, y de guerreros jaguar, u *ocelopipitlin*. Los guerreros águila eran el único grupo que no restringía la admisión a las personas de una determinada clase social.

2 (Ome): Nagualismo: El conocimiento ancestral de los sueños

1. Según la tradición, las tribus aztecas abandonaron la tierra de Aztlan en un largo peregrinaje. Cada pueblo indígena tomó el nombre de las siete cuevas a las que pertenecían. Se establecieron en los siguientes lugares:

- Los xochimilcas: fundaron Xochimilco.
- Los chalcas: se establecieron en Chalco.
- Los tepanecas: se establecieron al Oeste de la laguna y fundaron Azcapotzalco (hormiguero).
- Los culhuas: se establecieron al Este de la laguna.
- Los tlalhuicas: se dirigieron al Sur y fundaron Cuauhnauatl (Cuernavaca), el lugar donde se oye la voz del águila.
- Los tlaxcaltecas: se establecieron un poco más lejos, al Este de Tlaxcala.
- Los mexicas o aztecas: fundaron el gran Tenochtitlán.

2. El Cerro del Tepeyac, al Norte de Ciudad de México, forma parte de la Sierra de Guadalupe. El nombre se compone de las palabras náhuatl *tepetl*, «montaña», *yacatl*, «nariz» y *c*, «en»: el cerro de la nariz.

3. Tonantzin Coatlicue es la Madre Divina, la madre de todos los dioses masculinos. *Coatlicue* significa en náhuatl «la de la falda de serpientes» (de *coatl*, «serpiente» y *cuetl*, «falda»). Se la representa como una mujer con una falda de serpientes retorciéndose y un collar de corazones humanos. También se la conoce como la diosa de la fertilidad, la señora de la vida y la muerte, y la madre de Huitzilopochtli, dios del Sol y de la guerra. *Tonantzin* procede de las palabras náhuatl *to nuestrantzin*, «nuestra» y *antzin nan*, «madre»: nuestra Madre Venerable.

4. Cuando contemplas tu reflejo en las profundidades de una piedra de obsidiana, conocida también como *itzli*, puedes viajar al pasado y a

distintos lugares, como el mundo de nuestros antepasados. A Tezcatlipoca se le suele representar con un espejo de obsidiana reemplazando uno de sus pies o sobre el pecho como parte de su tocado.

5. Cerro de la Estrella: esta colina al este de Ciudad de México, en Iztapalapa, es famosa por su importancia arqueológica. El nombre le viene de una hacienda llamada «La Estrella», en la época prehispánica se conocía como Huizachtecatl. La ceremonia del fuego nuevo, conocida como Toxiuhmopolli, se celebraba cada 52 años para evitar la muerte del sol y la oscuridad absoluta llegando al universo. Cuatro de estas ceremonias tuvieron lugar en 1351, 1403, 1455 y 1507.

6. *Ometeotl*, de *ome*, «dos», y *teotl*, «energía», es una palabra de poder que mueve los 13 cielos, los 9 inframundos y las cuatro direcciones de nuestro mundo intermedio, es decir, la flor que simboliza el universo. Representa el dios o la esencia de la dualidad, y se refiere a todo lo dual que coexiste sin embargo en el universo para crear la realidad. También se refiere a que la creación en el mundo sutil se manifiesta en el mundo físico.

4 (Nahui): Quetzaltzin: Cómo ser un soñador

1. Christa Mackinnon: www.christamackinnon.com

5 (Mahcuilli): Mexicatzin: Los mexicas venerables

1. Charlie Morley, especialista en el yoga del sueño del linaje kagyu de budismo tibetano: www.charliemorley.com

Glosario

acatl: «caña»; el quinto nivel de la pirámide de los sueños, donde se accede a los sueños colectivos.

alebrijes: figuras artesanales mexicanas de vivos colores de criaturas híbridas que en el nagualismo protegen el noveno nivel de la pirámide de los sueños (el más elevado).

alo: guacamayo.

altepatl: ciudad.

amaquemeh: «prendas de papel kraft o de papel amate marrón», un ejercicio para liberarnos del dolor físico sufrido en nuestra vida, uno de los *quetzaltzin.*

Amomati: «la mente vacía», la percepción del Águila Negra, el estado de sin mente.

Amoztoc: «cueva de agua», el vientre materno.

Anáhuac: «entre aguas>, nombre náhuatl con el que se designa el territorio que se extiende desde Alaska hasta Nicaragua.

antzin nan: madre.

c: en.

ce o *cen:* uno, unidad.

Centeotl (o Cinteotl): la fuerza o energía creativa primigenia del universo (de *cen*, «uno», «unidad» y *teotl*, «energía»), representa esencialmente la evolución, el movimiento y el cambio, pero para los aztecas representa la fuerza, el inicio o la energía sagrada, autogenerada, única y dinámica que creó el universo, y que lo genera, impregna y rige hasta el día de hoy.

chac mool: (maya): «cuenco con agua»; persona que usa el espejo o el agua.

chic: poder.

Chicahuamictlacayan: el lugar de poder mientras soñamos.

chicnahui: nueve (de *chic,* «poder», *ce,* «unidad» y *nahui,* «cuatro», es decir, el orden de la Madre Tierra).

chicoacen: seis (de *chic,* «poder», *coatl,* «serpiente» —es decir, energía— y *cen,* «uno», «unidad»).

chicome: siete (de *chic,* «poder», y *ome,* «dos», «dualidad», es decir, el poder de la dualidad reunificada).

chicuey: ocho (de *chic,* «poder», *ce,* «uno», «unidad» y *onyei* «flujo sanguíneo»).

cihuateteo: seres que representan todas las mujeres que murieron dando a luz.

cipacnahualli: el lenguaje antiguo de los sueños de la tradición tolteca-mexica.

cipactli: cocodrilo.

co: lugar.

coatl: serpiente.

Coatlicue: «la de la falda de serpientes»: Tonantzin Coatlicue, la Madre Divina.

coatzin: «la venerable energía sexual», simbolizada por la serpiente.

Cochitlehualiztli: «el lugar al que vas en tus sueños», es decir, donde logramos separar el tonal y el nagual mientras dormimos y transferir nuestra conciencia al nagual.

Cochitzinco, «el aspecto venerable del estado de sueño», «el lugar sagrado del sueño», el noveno nivel de la pirámide de los sueños, un lugar donde no hay sueños y en el que dormimos sin soñar, un lugar donde podemos acceder a la mente de Centeotl.

Colmicnahualcampa: el lugar de nuestros antepasados en este camino, el lugar en el mundo del sueño donde podemos conocer a los naguales y maestros del sueño antiguos como compañeros de viaje.

colotl: escorpión.

compadre: buen amigo.

cuauhpipitlin: los guerreros águila, una de las siete clases de guerreros del Imperio azteca.

cuauhtli: águila.

cuecueyos: chakras.

cuetl: falda.

cuey: algo curvo que entra y sale.

huehuetzin: «anciano venerable», el ejercicio en el que relatamos nuestras ideas y experiencias sobre la sexualidad, uno de los *quetzaltzin.*

huitzili: colibrí.

Huitzilaman: el colibrí volando hacia la derecha, es decir, hacia el este, donde surge la luz (símbolo del conocimiento y de la creación); la técnica de respirar con el pulmón derecho.

Huitzilopochtli: el colibrí volando hacia la izquierda; el Tezcatlipoca azul, una de las cuatro esencias o energías originales; la energía que rige el sur en el tonal, eliminando los obstáculos espinosos de nuestro camino y llevando nuestros proyectos a buen término; el guerrero del sueño dotado de disciplina y fuerza de voluntad.

huitzlampa: Sur, la dirección del colibrí.

ilhuicatlamatini: un hombre o una mujer sabios de los cielos.

innetlapololtiliz: «el acto de desprenderse de sí mismo», el ejercicio en el que relatamos toda nuestra vida, uno de los *quetzaltzin.*

ixtiliolotl: «mirando hacia el maíz»; maíz es otro nombre que recibe la energía creativa, el ejercicio respiratorio «mirando hacia la energía creativa», es decir, hacia la derecha, para destruir los sueños que crean los problemas que estamos intentando resolver.

ixtliilhuicaatl: «mirando hacia el agua», un ejercicio respiratorio realizado mirando hacia abajo, al agua en las etapas avanzadas, para destruir nuestro reflejo y por tanto nuestros viejos patrones.

ixtlixinahtli: «mirando hacia la semilla», un ejercicio realizado con la cabeza y la nariz mirando hacia arriba para destruir la semilla o la energía creativa usada para crear los sueños que nos han causado problemas.

ixtliyolotl: «mirando hacia el corazón», un ejercicio respiratorio hecho mirando hacia la izquierda, al corazón, para destruir lo opuesto de lo que queremos crear.

itzcuauhtli: el águila negra.

Iztac Ilhuicatl: el cielo blanco o el séptimo cielo, el universo energético donde los sueños tienen lugar.

izttli: obsidiana.

izpapalotl: mariposa negra (de obsidiana).

maguey: agave americana, pita o aloe americana, originaria de México.

maguey metl: la luna.

Mah Tocuenmanahcan: «que tu intención permanezca sembrada en tu sueño», el lugar donde sembramos nuestros sueños, uno de los lugares del soñar.

mah toteotahtzin mitzmopieli: la historia de nuestra Tierra venerable.

mahcuilli: cinco (de *maitli,* «mano», y *cuilli,* «gusano», aunque también significa «yema de los dedos»).

mamatlaqueh: «responsabilidades y cargas», el ejercicio en el que analizamos las cargas asumidas en la vida, cómo estamos perdiendo nuestra energía, uno de los *quetzaltzin.*

mati: mente.

mescal: «el que viene de la luna», un licor fuerte.

Metztli: la luna.

Mexihcayotl: la esencia o energía mexica.

México: «el lugar del ombligo de la Luna» (de *metztli, xictli* y *co,* palabras que significan «Luna», «ombligo» y «lugar» respectivamente).

mexicas: los que siguen la tradición ancestral del sueño mexicano.

mexicatzin: «el mexica venerable», ejercicios respiratorios y posturales para crear nuestra vida de vigilia por medio del sueño; un hombre o una mujer sabios que realizan estos ejercicios.

micqui: muertos.

mictlampa: norte, la dirección de la tierra de los muertos y la tierra del sueño.

Mictlan (de *micqui*, «muertos» y *titlan*, «lugar»), la tierra de los muertos (los que han muerto de causas naturales).

mictlanmatini: un hombre o una mujer sabios del inframundo.

nagual: lo que se extiende más allá del tonal, por ejemplo, quienes somos verdaderamente; la energía que gobierna durante el estado de sueño; el que desarrolla y usa esta energía (plural: naguales o *nahualli*); un arquetipo, normalmente un animal, que nos guía en el mundo del sueño (de *nehua*, «yo» y *nahualli*, «lo que se extiende»).

nahual ohuitic: «los momentos más difíciles de la vida», el ejercicio en el que relatamos los momentos más difíciles de nuestra vida, uno de los *quetzaltzin*.

nahualli: lo que se extiende, *véase nagual.*

náhuatl: el lenguaje del México antiguo.

nahui: cuatro (de *nantli*, «madre» y *hui*, «orden», es decir, el orden de la Madre Tierra).

nahui ollin: «los cuatro movimientos», el calendario azteca.

nehua: yo.

ocelocoyotl: coyote jaguar.

ocelopipitlin: los guerreros jaguar, una de las siete clases de guerreros del Imperio Azteca.

ocelotl: jaguar.

Ohmaxal: la Cruz Cósmica o Cruz Dinámica, el lugar donde todas las fuerzas sutiles convergen y son capaces de crear, originando cada momento. Su movimiento se parece a un círculo, por lo que un círculo dentro de un cuadrado es el símbolo geométrico de la creación.

ollin: movimiento.

ome: dos (de *omitl*, «hueso»; la energía creativa primigenia se divide en dos para crear todo cuanto existe y esto se graba en nuestros huesos antes de que nazcamos).

Omecíhuatl: la Señora Dos, la esencia o energía femenina, la madre de los Tezcatlipocas.

Ometecuhtli: el Señor Dos, la esencia o energía masculina, el padre de los Tezcatlipocas.

ometeotl: «la unión del cielo y el mundo físico», una palabra de poder que mueve los 13 cielos, los nueve inframundos y las cuatro direcciones de nuestro mundo intermedio, es decir, la flor que simboliza el universo; se refiere a que la creación en el mundo sutil se manifiesta en el mundo físico.

opochtzin: «humo en el lado izquierdo» o «la recapitulación de la rana», el ejercicio en el que relatamos diversos episodios de nuestra vida para desligarnos del placer y el dolor, uno de los *quetzaltzin.*

oquinnotz: «evocación», el ejercicio en el que relatamos los primeros sentimientos que tuvimos de niños, uno de los *quetzaltzin*.

pepechtzin: «base» y «sustento», el ejercicio en el que hablamos de las personas que crearon la base de los sentimientos destructivos en nuestra vida, uno de los *quetzaltzin*.

pipitlin: «los nobles», los seres de energía o fuerzas benevolentes.

Quetzalcóatl: el Tezcatlipoca blanco, el arquetipo de la luz y del conocimiento, la dirección del este; también es un nivel de conocimiento.

quetzalli: el quetzal (pájaro).

quetzaltzin: «el quetzal venerable», una serie de ejercicios realizados con máscaras en los que relatamos distintos aspectos de nuestra vida.

quincunce: figura del calendario que simboliza el ciclo Venus-Luna.

tecolotl: búho.

tecpatl: «obsidiana»; el sexto nivel de la pirámide de los sueños, un lugar gobernado por las rocas.

temazcales: cabañas sudatorias.

temictli: «la tierra de los sueños», es decir, el sueño inconsciente, el sueño que repite nuestro pasado en el Mictlan y crea la prisión invisible de la Luna, el nivel más bajo de la pirámide de los sueños; un soñador que sueña estos sueños; también, «el que ha muerto», ya que la muerte no es más que un largo sueño.

Temictzacoalli: la pirámide de los sueños.

temixoch: «sueños floridos», es decir, los sueños lúcidos, el segundo nivel de la pirámide de los sueños.

Tenochtitlán: el nombre antiguo de Ciudad de México.

teomanía: ejercicios respiratorios toltecas.

teotl: energía.

tepetl: montaña.

teyolia: alma.

Tezcatlipoca: espejo humeante (de *tezcatl,* «espejo», y *poca,* «humo»).

Tezcatlipoca negro, una de las cuatro esencias o energías originales; el ser o fuerza que gobierna los sueños; la dirección norte.

tezcatzoncatl: «los conocedores del espejo o el agua».

titlan: lugar.

tlatoani: «el difusor de la palabra», el portavoz de los aztecas.

Tlahtohtan: el lugar de los guías: un lugar del sueño donde los *pipitlin* se manifiestan y se ofrecen a guiarnos.

Tlalticpac: la Tierra, el lugar donde vivimos.

tlamatini: sabio.

Tlalauhqui Temictli: el cuarto nivel de la pirámide de los sueños, el lugar sagrado de los sueños rojos.

Tlauhcopa: Este, «el lugar al lado de donde surge la luz».

tlazohcamati: gracias.

to nuestrantzin: nuestra.

tocatl: araña; el séptimo nivel de la pirámide de los sueños, donde hacemos las conexiones con las personas, los lugares y los episodios que experimentaremos más tarde.

Tochichilmictlantzintizinhuan: el lugar sagrado de los sueños rojos, el lugar más sagrado de la creación en el nagualismo tol.

tochtli: conejo.

tol: una medida de 365 días.

Tollán: Tula, la capital tolteca.

tolli: flexibilidad de movimiento.

Toltecayotl: la esencia o energía tolteca.

Tomiccatzintzinhuan: el lugar del inframundo.

tonal: «corazón»; el estado de vigilia; la energía alrededor de la cabeza en el estado de vigilia.

Tonantzin: «nuestra madre venerable», la Madre Tierra.

Tonatiuh: el sol.

Toteotzintzinhuan: el lugar de nuestros difuntos venerables.

totonalcayos: chakras; también llamados *cuecueyos*.

Toxiuhmopolli: la ceremonia del fuego nuevo celebrada cada 52 años para prevenir la muerte del Sol y la llegada al universo de una oscuridad absoluta.

trecena: un periodo de 13 días.

tzinacantl: murciélago.

vientos antiguos: los patrones kármicos.

xayaca: máscaras.

xictli: ombligo.

Xipe Totec: «Señor del Desollamiento», el Tezcatlipoca rojo, la esencia, la energía de la renovación, el gobernador del Este.

xochicoponi: florecer.

xolotl: perro; nagual de Quetzalcóatl.

yacatl: nariz.

yaotl: enemigo.

yayauhqui: negro.

yei: tres.

yeyelli: seres de energía que se alimentan de emociones negativas y las fomentan.

yezcoatl: serpiente de sangre (de la curación).

Agradecimientos

Me gustaría expresar mi agradecimiento a los nativos de la cultura náhuatl por haber conservado estas enseñanzas pese a saber que arriesgaban su vida por ello. Al sueño colectivo que me ha reunido con personas tan extraordinarias como mis maestros: Rosa Hernández, Hugo Nahui, Xolotl, Xochicuauhtli y Laura Muñoz, entre otras. A Cuauthémoc por su último mensaje, que le dio sentido a mi vida. A mi madre, que me ha apoyado en este camino. A todos los que han confiado en mí. A Michelle Pilley y Hay House, os lo agradezco. A Daniela Muggia por editar mi libro anterior. A Tere del Valle, por el amor que ha puesto al traducir mi mensaje al inglés. A México, Estados Unidos, Canadá, Italia, Gran Bretaña, Suecia, los Países Bajos, España y Hungría por haber aceptado las enseñanzas de mis antepasados.

Y lo más importante de todo, deseo dar las gracias al guardián del Norte, Al Yayauhqui Tezcatlipoca, el Tezcatlipoca negro, maestro de los sueños y del espejo de obsidiana. Este libro lo he escrito en tu honor.

Ometeotl